3. Auflage, Februar 2015
© 2015 DI Gerald Schinagl

Herstellung und Verlag: Books on Demand GmbH, Norderstedt".


ISBN: 978-3-8423-5899-7

# DHAMMAPADA

# WORTE DER WEISHEIT

*DI Gerald Schinagl*

# INHALTSVERZEICHNIS

## Vorwort

Das Dhammapada, eine Auswahl von Versen, welche dem historischen Buddha zugeschrieben werden, ist eine Zusammenfassung der buddhistischen Lehre, sowohl tiefgründigen Analysen als auch sehr plakativen Gleichnissen. Oft wurden bereits diese Palitexte übersetzt, aber häufig gingen Details und der subtile Umgang mit der Sprache verloren oder wurden der Darstellungs- und Versform geopfert.

Dieses Buch stellt meine persönliche Übersetzung der 423 Verse dar. Mein Augenmerk lag dabei weniger auf sprachlicher Brillanz oder ansprechenden Versformen, sondern darin die Worte und Inhalte möglichst im ursprünglichen Sinne Buddhas in die deutsche Sprache zu bringen.
Weiters ist es mir wichtig darauf hinzuweisen, daß ich nur Basiskenntnisse der Palisprache aufweise und keinesfalls einem sprachlichen oder gar wissenschaftlichen Anspruch nachkommen kann und will. Dieses Buch ist einzig und allein der beschränkte Versuch den Geist und Inhalt dieser überlieferten Verse in unsere Zeit zu transportieren und über Kommentare und Fußnoten dem Kern und Gehalt dieser Verse etwas näher zu kommen oder zumindest einige weiterführende Denkanregungen zu geben.

Ich bin mir bewußt, daß auch ich der Unvollkommenheit unterworfen bin und so stelle ich keinerlei Anspruch daran, daß meine Übersetzung als die korrekt, treffende oder Beste gesehen wird. Ich möchte vielmehr einen Beitrag dazu leisten, die Auseinandersetzung mit dieser kompakten Lehrdarstellung erneut anzufachen.

Mögen diese Verse für alle, welche sie lesen von Wert sein und Anstöße zur Praxis sowie Überlegungen zum Dasein initiieren.

Wien im Februar 2015

Gerald Schinagl

# Yamakavaggo (Zwillingsabschnitt)

| | | |
|---|---|---|
| 1 | manopubbangamā dhammā mano-setthā[1] manomayā. manasā ce padutthena bhāsati vā karoti vā[2] tato naṁ dukkham anveti, cakkan va vahato padaṁ. | Der Geist[3][4] geht den Dingen[5] voran, sie sind Ihm untergeordnet, sie bestehen[6] aus dem (besten) Geist[7]. Wenn man den üblen Gedanken[8] in Sprache oder Tat nachgibt, so folgt einem das Leid nach, gleich wie das Wagenrad[9] dem Fuß (des Ziehenden[10]). |
| 2 | manopubbangamā dhammā mano-setthā manomayā. manasā ce pasannena[11] bhāsati vā karoti vā tato naṁ sukham anveti, chāya va anapayinī. | Der Geist geht den Dingen voran, sie sind Ihm untergeordnet, sie bestehen aus dem (besten) Geist[12]. Folgt man in Sprache oder Tat geklärten Gedanken[13], so geleitet einem das (tiefe) Glück, gleich wie der Schatten[14] der niemals weicht. |
| 3 | akkocchi maṁ[15], avadhi maṁ, ajini maṁ, ahāsi me: ye taṁ upanayhati veran tesan na sammati. | „Ich wurde mißbraucht, eingeschränkt, besiegt und bestohlen". In jenen Menschen, die deswegen noch immer grollen[16], kommt der Haß nie zur Ruhe. |
| 4 | akkocchi maṁ, avadhi maṁ, ajini maṁ, ahāsi me: ye taṁ na upanayhanti veran tesupa sammati. | „Ich wurde mißbraucht, eingeschränkt, besiegt und bestohlen". In jenen Menschen, die deswegen nicht mehr grollen, kommt der Haß dauerhaft zur Ruhe. |
| 5 | na hi verena verāni sammatīdha kudācanaṁ averena ca sammanti. esa dhammo sanantano. | Der Haß wird niemals durch Gehässigkeit beruhigt[17]. Nur der Nicht-Haß ist dazu geeignet. Das ist eine ewige Warheit[18]. |
| 6 | pare ca na vijānānti[19] mayam ettha yamase. ye ca tattha vijānānti, tato sammanti medhagā. | (Andere Menschen[20]) können das nicht lernen und wollen sich nicht zügeln. Nur wer aus den ewigen Gesetzen lernt, kann Konflikte dauerhaft beenden[21]. |
| 7 | subhanupassiṁ viharantaṁ indriyesu asanvutaṁ bhojanamhi amat-taññuṁ kusitaṁ hīnaviriyaṁ taṁ ve pasahati māro vāto rukkhaṁ va dubbalaṁ. | Wer sein Leben nur auf Schönes ausrichtet, die Sinnesfunktionen nicht behütet, maßlos bei der Nahrung, träge und energielos ist, der wird von Mara[22], gleich wie der schwache Baum, vom Wind fortgerissen[23]. |
| 8 | asubhānupassiṁ viharantaṁ indriy- | Wer sein Leben auf die Realität[24] |

esu susanvutaṁ bhojanami ca matta-ññuṁ saddhaṁ āraddhaviriyaṁ taṁ ve nappasahati māro vāto selaṁ va pabbataṁ.

anikkasāvo kāsāvaṁ yo vatthan[28] paridahessati apeto damasaccena, na so kāsāvaṁ arhati.

**9**

yo ca vantakasāv[31] assa silesu susamahito upeto dammasccena sa ve kāsāvaṁ arhati.

**10**

asāre sāramatino sāre ca asāradassino te saraṁ nadhigaccanti, micchāsankappa-gocarā.

**11**

sāraṁ ca sarato natva asāraṅ ca asārato te saram adhigaccanti sammāsankappagocerā.

**12**

yathā agāraṁ ducchannaṁ vutthi samativijjhati evam abhāvitaṁ cittaṁ rāgo samativijjhati.

**13**

yathā agāraṁ succhannaṁ vutthi na samativijjhati evaṁ subhāvitaṁ cittaṁ rāgo na samativijjhati.

**14**

ausrichtet, die Sinnesfunktionen behütet, nicht maßlos bei der Nahrung, voll Vertrauen[25] und energetisch ist, der wird Mara so gut wiederstehen können, wie Fels und Berg dem Wind.[26] [27]

Wer nicht frei von Unreinheit, ohne Warheit[29] und Bezähmung, die orange Kleidung anlegen wird, verdient diese orange (Robe bzw. Kleidung) nicht[30].

Jener, der die Trübung[32] ausgespien hat und in der Sittlichkeit erstarkt ist, der selbst Warheit und Bezähmung erreicht, dieser (Mensch) verdient die orange (Robe).

Wer die Illusion für die Realität hält und die Realität[33] für die Illusion, der wird den Kern (der Dinge) nicht finden[34], da er seine Gedanken[35] aus verdrehten Ansichten nährt.

Wer die Realität als echt, die Illusion als unecht erkennt nähert sich dem Kern, da er seine Gedanken[36] aus der zur Einheit führenden Quelle nährt.

Gleich wie ein schlecht gedecktes Haus vom Regen durchdrungen wird[37], so wird auch ein ungeschütztes (subjektives) Bewußtsein[38] von der Gier durchdrungen.

Gleich wie ein gut gedecktes Haus nicht vom Regen durchdrungen wird, so kann auch ein gut gepflegtes[39] (subjektives) Bewußtsein nicht mehr von der Gier durchdrungen werden.

| | | |
|---|---|---|
| 15 | idha socati pecca socati, pāpakārī ubhayattha socati so socati, so vihaññati, disva kammakilittham attano. | Man trauert in diesem Leben, man trauert im nächsten Leben, bei beiden Gelegenheiten trauert man und sorgt[40] sich, wenn man sich der Folgen seiner eigenen Taten[41] bewußt wird. |
| 16 | idha modati pecca modati, katapuñño ubhayattha modati so modati so pamodati, disvā kammavisuddhim attano. | Man ist in diesem Leben erfreut, im nächsten Leben ist man erfreut, bei beiden Gelegenheiten ist man erfreut und fröhlich, wenn man der guten Folgen der eigenen Tat gedenkt. |
| 17 | idha tappati peccatappati pābakārī ubhayattha tappati pāpam me katan ti tappati bhiyyo tappati duggatim gato. | Man wird in dieser Welt gepeinigt[42], im nächsten Leben; bei beiden Gelegenheiten wird man gepeinigt. Man brennt noch mehr, wenn man sich aufgrund der eigenen Taten auf einer Leidensfährte[43] bewegt[44]. |
| 18 | idha nandi, peccanandi, katapuñño ubhayattha nandi puññam me katan ti nandi, bhiyo nandi suggatim gato[45]. | Man freut sich in dieser Welt, man ist nach dem Tod erfreut, man freut sich bei beiden Gelegenheiten. „Das habe ich getan" freut man sich noch mehr, wann man auf die gute Fährte gelangt ist. |
| 19 | bahum pi ce sahitam bhāsamāno na takkaro hoti naro pamatto gopa va gāvo ganayam paresam na bhāgavā sāmañ-ñassa hoti. | Wenn jemand noch so viel lehrt[46], aber aus Gedankenlosigkeit nicht danach handelt, so gleicht er dem Hirten, der fremde Kühe[47] zählt. Er hat keinen Anteil am religösen Leben[48]. |
| 20 | appamādo pi ce sahitam bhāsamāno, dhammassa hoti anudhammacāri rāgañ ca dosañ ca pahaya moham sammappajāno suvimuttacitto anupādiyāno idha vā huram vā, sa bhāgavā sāmaññassa hoti. | Wenn jemand noch so wenig lehrt, aber im Einklang mit dem Gesetz[49] lebt, wenn er Gier, Haß und Verblendung überwunden hat, richtiges Wissen[50] und ein befreites (subjektives) Bewußtsein besitzt sowie nicht mehr am Diesseits und Jenseits haftet hat dieser Mensch echten Anteil am religiösen Leben. |

# Appamadavagga (Abschnitt über Wachsamkeit)

| | | |
|---|---|---|
| | appamādo amatapadaṁ pamādo[51] maccuno padaṁ. appamattā na miyanti, ye pamattā yathāmatā. | Die Wachsamkeit führt zur Unsterblichkeit[52], die Nachlässigkeit führt zum Tod[53]. Die Wachsamen sterben[54] nicht (mehr), die Nachlässigen sind bereits todesgleich[55]. |
| 21 | | **Variante 2:** Die Unermüdlichkeit ist der Weg zur Unsterblichkeit, die Nachlässigkeit führt zum Tod. Die Unermüdlichen sterben nicht (mehr), die Nachlässigen sind bereits todesgleich. |
| 22 | etaṁ visesato natvā appamādamhi panditā appamāde pamodanti ariyānaṁ gocare ratā. | Die unermüdlichen Weisen, die das[56] erkennen, sind durch die eigene Wachsamkeit glücklich, freuen sich an dieser edlen Weide[57]. |
| 23 | te jhāyino sātatikā niccaṁ dalhaparakkamā phusati dhīrā nibbanaṁ yogakkhemaṁ anuttaraṁ. | Jene, die die darüber[58] meditativ reflektieren und andauernd voller Energie streben erreichen[59] die Weisheit, kühlen aus. Frei von Anhaftungen berühren sie das Höchste[60]. |
| 24 | utthānavato satimato sucikammassa nisammakārino sannatassa ca dhammajivino appamattassa yaso bhivaddhati. | (Jemand, der) strebsam der achtsamen Reflexion Raum gibt, sorgsam[61] und heilsam[62] agiert, gezügelt ist, und der Lehre gemäß in Warheit lebt – dessen Ruhm[63] steigt ganz automatisch an. |
| 25 | utthānen appamadena sanyamena damena ca dipaṁ kāyirātha medhavi yan ogho nâbhikīrati. | Durch aktive Wachsamkeit, Selbstkontrolle und die Überwindung[64] schafften wir Intelligenten[65] uns eine Insel. So fortschreitend werden wir nicht von der Flut[66] fortgerissen. |
| 26 | pamādaṁ anuyuñjanti bālā dummedhino janā appamadañ ca medhāvi, dhanaṁ setthaṁ va rakkhati. | Der Nachlässigkeit geben sich die Toren, die unweisen Menschen hin, aber nur mit (fürsorglicher) Wachsamkeit[67] und Weisheit kann man seinen höchsten Wert[68] beschützen.[69] |

| | | |
|---|---|---|
| 27 | mā pamādaṁ anvyuñjetha mā kāmaratisanthavan. appamatto hi jhāyanto pappoti vipulaṁ sukkhaṁ. | Gib dich nicht der Nachlässigkeit hin und vertraue nicht in die (Versprechen der) Sinnesgier[70]. Nur durch die achtsame Meditation[71] erreicht man großes Glück. |
| 28 | pamādaṁ appamādena yadā nudati pandito, paññāpāsādam āruyha asoko sokinin pajan dabbatattho[72] va bhummatthe dhīro bāle avekkhati. | Sobald der Weise die Nachlässigkeit durch fürsorgliche Wachsamkeit entfernt hat, erreicht er den Gipfel[73] der Weisheit[74]. Von dort aus[75] sieht er sorgenfrei auf jene Wesen im Tal, hinab, welche (noch) der Sorge unterworfen sind. |
| 29 | apamatto pamattesu suttesu bahujāgaro. abalassaṁ va sīghasso hitvā yāti sumedhaso. | (Geistig) wachsam unter nachlässigen Menschen, die dem Genuss anhängen, sehr wach unter Schläfern. So wie das schnelle Pferd das schwache zurückläßt[76], so schreitet auch der Weise voran. |
| 30 | appamādena maghavā devānaṁ setthaṁ gato. appamādaṁ pasaṁsanti pamādo garahito sadā. | Durch die Wachsamkeit[77] hat Maghava[78] den höchsten Rang göttlicher Wesen erreicht. Die Wachsamkeit wird immer gepriesen, die Laxheit wird immer getadelt. |
| 31 | appamādarato bikkhu pamāde bhayadassi vā saṁyojanaṁ anuṁ thulaṁ dahaṁ aggī va gaccati. | Der Mönch, der wachsam ist und die Nachlässigkeit fürchtet[79] überwindet die starken und schwachen Fesseln so wie das Feuer vergeht, das alles niederbrennt[80]. |
| 32 | appamādarato bikkhu pamāde bhayadassi vā abhabbo parihānāya nibbānass eva santike. | Für den Mönch, der wachsam ist und die Nachlässigkeit fürchtet, ist der Rückfall unmöglich[81], er nähert sich dem Nirwana. |

# Cittavaggo (Abschnitt über das subjektive Bewußtsein)

| | | |
|---|---|---|
| 33 | phandanaṁ capalaṁ cittaṁ durakkhaṁ dunnivārayaṁ ujuṁ karoti medhāvī usukaro va tejanaṁ. | Das unruhige und rastlose Bewußtsein[82] ist schwer zu hüten, schwer zurückzuhalten. Der Weise handelt mit dem Bewußtsein genau so ausgerichtet[83], wie der Pfeilmacher den Pfeilschaft[84] fertigt.[85] |
| 34 | varījo va thale khitto okamokuta ubbhato. parihandati daṁ cittaṁ māraheyyan[86] pahātave. | So wie ein an Land geworfener Fisch, der seiner (natürlichen) Umgebung entrissen wurde, zappelt[87] auch dieses Bewußtsein um Maras Bereich[88] zu entrinnen. |
| 35 | dunniggahassa lahuno yattakāmanipātino. cittassa damatho sādhu, cittaṁ dantaṁ sukhāvahaṁ. | Das eigene Bewußtsein ist schwer zu zügeln, flüchtig, drängt wohin auch immer es will. Es ist gut sein Bewußtsein zu beherrschen[89], ein solches (beherrschtes) Bewußtsein ist die Quelle des tiefen Glücks. |
| 36 | suddasaṁ sunipunaṁ yattakāmanipātinaṁ. cittam rakkhetha medhāvi, cittaṁ guttaṁ sukhavahaṁ. | Schwer zu erkennen[90] ist das eigene sehr subtile Bewußtsein, das sich hinbegibt wo es ihm beliebt. Es ist weise, das Bewußtsein zu beschützen, ein behütetes Bewußtsein ist die Quelle des tiefen Glücks[91]. |
| 37 | dūrangamaṁ ekacaraṁ asirraṁ guhâsayaṁ ye cittaṁ saññamessanti mokkhanti marābandhanā. | Wer alleine geht, das Ich als körperlose Illusion (im Herzen)[92] erkennt, wer das eigene Bewußtsein kontrolliert, der befreit sich von Maras Fessel. |
| 38 | anavatthitacittassa saddhammaṁ avijānato pariplavapasādasso paññā na paripūrati. | Wer ein instabiles Bewußtsein besitzt, die wahre Lehre nicht versteht[93] und im Vertrauen schwankt, der wird die Weisheit nicht perfektionieren (können)[94]. |
| 39 | anavassutacittassa anavāhatacetaso. puññapāpahīnassa natti jāgarato bhayaṁ. | Jemand mit einem gierlosen Bewußtsein und nicht verdorbenen Gedanken; der sich von der Dualität gelöst hat, kennt die Gefahr nicht mehr[95]. |

| | | |
|---|---|---|
| **40** | kumbhupamaṁ kāyam imaṁ viditvā nagarupamaṁ cittaṁ idaṁ thapetvā yodetha maraṁ paññavudena jitañ ca rakkhe anivesano siyā. | Betrachte den Körper wie einen Tontopf[96], das Bewußtsein wie eine Stadt[97]. Besiege Mara durch die Waffe deiner Weisheit und schütze das bereits Eroberte indem du nicht mehr anhaftest. |
| **41** | aciraṁ vat ayan kāyo pathaviṁ adhisessanti chuddho apetaviññāno, niratthaṁ va kalingaraṁ. | Bald wird dieser Körper auf der Erde liegen, von der Intelligenz verlassen, nutzlos wie ein Holzblock[98]. |
| **42** | diso disaṁ yaṁ taṁ kayirā verī vā pana verinaṁ micchāpanihitaṁ cittaṁ pāpiyo tato kare. | Das was der Feind seinem Feind antut, ein Hassender einem Anderen; ein verkehrt gerichtetes Bewußtsein bewirkt noch Schlechteres als das[99]. |
| **43** | na taṁ mātā pitā kayira aññe vâpi ca ñātakā sammāpanihitaṁ cittaṁ seyyaso naṁ tato kare. | Was Mutter und Vater und andere Verwandte für einem tun können; ein auf eins gerichtetes[100] Bewußtsein führt zu noch Besserem als das[101]. |

13

# Pupphavaggo (Abschnitt über die Blumen)

**44**
ko imaṁ pathaviṁ vijessati ya-malokaṁ ca imaṁ sadevakaṁ. ko dhammapadaṁ sudesitaṁ kusalo puppham ive pacessati.

Wer wird diese Welten verstehen, die Yama[102]- und auch die Devawelt, wer wird die gut gelehrten und heilsamen Verse der Lehre[103] erfassen, so wie der Kenner[104] Blumen aufsammelt?

**45**
sekho pathaviṁ vijessati yama-lokaṁ ca imaṁ sadevakaṁ sek-ho dhammapadaṁ sudesitaṁ kusalo puppham iva pacessati.

Der schulungtüchtige Anhänger (Buddhas) wird nicht nur diese Welt überwinden[105], sondern auch die Yama- und Devawelt. Der tüchtige Anhänger (Buddhas) wird die Verse der Lehre erfassen, so wie der Kenner die Blumen aufsammelt.

**46**
phenupamaṁ kāyam imaṁ vi-ditvā marīcidhammaṁ abhi-sambudhāno chetavāna mārassa papupphakāni adassanaṁ mac-curājassa gacce.

Wenn du diesen Körper als Schaum-gebilde[106,] als eine Illusion[107] verstanden hast, so kannst du Maras Blüten-pfeile[108] zerstören und bist nicht mehr für den Blick des Todesfürsten[109] sichtbar.

**47**
pupphān heva pacinantaṁ vyā-sattamanasaṁ naraṁ suttaṁ gāmaṁ mahogho va maccu ādāya gaccati.

Der Blumen pflückende Mensch[110], dessen Geist[111] an Befriedigung an-haftet wird vom Tod mitgerissen, ge-rade so wie das Hochwasser ein schlafendes Dorf[112] fortreißt.

**48**
pupphāni h' eva pacinantaṁ byā-sattamanasaṁ[113] naraṁ. atittaṁ yeva kāmesu antako[114] kurrute vasaṁ.

Der Blumen pflückende Mensch, des-sen Geist an Befriedigung anhaftet und dabei doch sinnlich unbefriedigt bleibt wird vom Tod grausam be-herrscht[115].

**49**
yathāpi bhamaro pupphaṁ van-nagandhaṁ ahetayaṁ. pāleti ra-sam ādāya evaṁ gāme munī care.

So wie eine Biene, ohne Farbe und und Geruch der Blüte zu beschädigen, den Nektar sammelt[116], so sollte auch der Heilige (beim Almosengang)[117] durch das Dorf gehen.

**50**
na paresaṁ vilomāni na paresaṁ katâkataṁ attano va avekkheyya katāni akatāni ca.

Man sollte nicht auf die Fehler, die Taten und Unterlassungen Anderer, sondern nur auf das selbst Gesproche-ne und Nichtgesprochene achten[118].

**51**
yathāpi ruciraṁ pupphaṁ yanna-vantaṁ agandhakaṁ evaṁ subhā-sitā vācā aphalā hoti akubbato.

So wie eine schöne bunte Blüte ohne Duft[119], ist auch ein noch so gutes Wort für Jenen, der es nicht befolgt wertlos[120].

| | | |
|---|---|---|
| 52 | yathāpi ruciraṁ pupphaṁ vanna-vantaṁ sagandhakaṁ. evaṁ subhāsitā vācā saphala hoti kubbato. | So wie eine schöne bunte Blüte die auch noch angenehm duftet, ist ein gutes Wort für Jenen, der es befolgt sehr fruchtbar. |
| 53 | yathāpi puppharāsimhā kayira mālāgune bahū, evaṁ jātena maccena kattabbaṁ kusalaṁ bahuṁ. | Gleich wie man aus einem Haufen einzelner Blumen schöne Girlanden flechten kann, so kann man durch die Geburt und den Tod heilsames tun (das zu tun wäre).[121] |
| 54 | na pupphagandho pativātam eti sa candanaṁ tagaraṁ mallikā vā sataṁ ca gando pativātam eti sabbā disā sappuriso pavāti. | Der Blumenduft verbreitet sich nicht gegen den Wind, ebensowenig wie jener von Sandelholz und Jasmin. Gegen den Wind verbreitet sich nur der Geruch des ethisch Guten[122] (Menschen), er erreicht alle Regionen. |
| 55 | candanaṁ tagaraṁ vâ pi uppalaṁ atha vassikī. etasaṁ gandhajātānaṁ sīlagandho anuttaro. | Egal ob Sandelholz, Tagara oder Lotusblume und Jasmin, alle werden im Duft vom unvergleichlichen[123] Geruch der Sittlichkeit übertroffen. |
| 56 | appamatto ayaṁ gandho yāyaṁ tagara candanī. yo ca sīla vataṁ gandho vāti devusu uttamo. | Der Geruch von Tagara und Sandelholz ist nur begrenzt[124]. Der Geruch der sittlichen Praxis[125] jedoch wird bis in die höchste Götterwelt getragen[126]. |
| 57 | tesaṁ sampannasilānaṁ appamādaviharataṁ sammadaññā-vimuttānaṁ māro maggaṁ na vindati. | Jene mit erfolgreicher Sittlichkeit, die in Wachheit verweilen, die durch richtiges Wissen[127] vollständig loslassen, zu diesen (Wesen) findet Mara keinen Zugang mehr. |
| 58 | yathā sankāradhānasiṁ ujjhitasiṁ manhāpathe. padumaṁ tattha jāyetha sucigandhaṁ manoramaṁ, | So wie auf einem Misthaufen[128], der sich an einer großen Straße befindet, eine Lotusblume mit reinen und angenehmen Geruch[129] entstehen kann, |
| 59 | evaṁ sankārabhūtsu andhabhūtew puthujjane. atirocati paññaya sammāsambuddhhasāvako. | so kann auch aus dem blinden[130] niederen Menschen ein mit Weisheit überstrahlenden Schüler Buddhas erwachsen[131]. |

# Bālavaggo (Abschnitt über Toren)

| | | |
|---|---|---|
| 60 | dighā jāgarato ratti digham santassa yojanaṁ digho bālānaṁ saṁsāro saddhammaṁ avijānataṁ. | Lange ist dem Schlaflosen[132] die Nacht, die Wegstrecke ist lange für den Müden. Lang ist der Daseinskreislauf für den, der guten Lehre unkundigen Toren[133]. |
| 61 | caraṁ ce na adhigaccheyya seyyaṁ sadisam attano ekacariyaṁ dalhaṁ kayirā natthi bāle sahāyatā. | Wenn du auf deinem Weg keinen Besseren oder Gleichen findest, dann gehe kräftig allein[134] und mach, was getan werden muß. Mit Toren sollte man nichts gemeinsam tun. |
| 62 | puttā m´artthi dhanaṁ m´atthi iti bālo vihaññati. attā hi attano natthi. Kuto puttā? Kuto dhanaṁ. | „Ich habe Söhne, habe Reichtum" so denkt[135] sich der Tor. Woher hat man selbst gar Söhne oder Reichtum wenn man doch nicht einmal ein Selbst[136] besitzt? |
| 63 | yo bālo maññati bālayaṁ pandito vāpi tena so, bālo ca panditamāni sa ve bālo vuccati. | Der Tor, der sich selbst als Tor erwägt ist so eigentlich[137] schon weise. Ein Tor der auf seine (scheinbare) Weisheit stolz ist, ist der wahre Tor. |
| 64 | yāvajivam pi ca bālo panditaṁ payirupāsati na so dhammaṁ vijānāti dabbī suparasaṁ yathā. | Auch wenn sich ein Tor sein Leben lang mit Weisen verbindet wird er daher noch nicht das Gesetz[138] erkennen, so wie auch der Löffel den Geschmack der Suppe[139] nicht erkennt. |
| 65 | muhuttam api ca viññū panditaṁ payirupāsati kippaṁ dhammaṁ vijānāti jivhā sūparasaṁ yathā. | Wenn der Kluge sich auch nur einen Moment mit Weisen verbindet, so erkennt er rasch das Gesetz[140], wie die Zunge den Geschmack der Suppe[141]. |
| 66 | caranti bālā dummedhā amittena eva attanā karontā pāpakaṁ kammaṁ yaṁ hoti katukapphalaṁ. | Der beschränkte Tor lebt so wie ein Feind für sich selbst[142]. Die schlechte Tat wird bittere Früchte bewirken. |
| 67 | na ca kammaṁ kataṁ sādhu yaṁ katvā anuttappati yassa assumukkho rodaṁ vipākaṁ patisevanti. | Eine Tat war dann nicht gut, wenn man sich danach fragt[143], ob sie gut war und schluchzend mit tränenüberströmtem Gesicht das Ergebnis erkennt. |
| 68 | taṁ kammaṁ kataṁ sādhu yaṁ katvā nânutappati yassa patīto sumano vipākaṁ patisevati. | Eine Tat war dann richtig, wenn man sich danach nicht fragt ob sie gut war – und man zufrieden und erfreut ist, wenn man das Ergebnis an sich selbst erfährt |

| | | |
|---|---|---|
| **69** | madhuvā maññatī bālo yāva pāpaṁ na paccati. yadā ca paccatī pāpaṁ atha bālo dukkhaṁ nigacchati. | Süß wie Honig[144] scheint es dem Toren bei der falschen Tat, solange diese noch nicht reift[145]. Wann[146] immer die Gemeinschaft mit Sündern reift[147] tritt das Leid ein. |
| **70** | māse māse kusaggena bālo bhuñjetha bhojanaṁ. na so sankhātadhammānaṁ kalaṁ agghati solasiṁ. | Auch wenn ein Tor Monat für Monat nur die Menge einer Grasspitze an Nahrung aufnimmt[148], so ist er doch kein Sechzehntel jener Menschen wert, die auch nur eine Erleuchtungsstufe[149] realisiert haben. |
| **71** | na hi pāpaṁ kataṁ kammaṁ sajju khīraṁ va muccati. daham taṁ bālam anveti, bhasmacchanno va pāvako. | Das Ergebnis der Tat folgt nicht unmittelbar, so wie auch die frische Milch nicht sofort gerinnt[150]. Aber das Ergebnis folgt dem Tor versengend wie die von Asche bedeckte Glut[151]. |
| **72** | yādeva anatthāya ñattaṁ bālassa jāyāti hanti bālassa sukkaṁsaṁ muddham assa vipātayaṁ. | Solange sich der Tor das Wissen zum eigenen Schaden[152] aneignet zerstört das (in der Folge) sein Glück, zertrümmert seinen Kopf[153]. |
| **73** | asataṁ bhāvanam iccheyya purekkhāraṁ ca bikkhsu. āvādesu ca issariyaṁ pūjā parakulesu ca. | Keinen[154] Respekt hat er, wünscht sich Bevorzugung unter den Mönchen, Herrschaft (Leitung) und Verehrung[155] durch die Nachbarn. |
| **74** | mam eva kata maññantu gihī pabbajita ubho. mam evâtivasā assu kiccâkiccesu kismici iti bālassa sankappo icchā māno ca vaddhati. | Mögen Laien und Mönche ausschließlich meine Taten kennen, mögen Sie in großen und kleinen Dingen nur mir gehorchen, so denkt der Tor, und Begierde[156] und Stolz wachsen (in Ihm) an[157]. |
| **75** | aññā hi lābûpanisā aññā nibbānagāminī evam etam abhiññāya bikkhu buddhassa sāvako sakkhāraṁ na abhinandeyya vivekam anubrūhaye. | Das eine Wissen[158] führt zum weltlichen Gewinn, das andere zum Nirvana. Wer an zweiterem Genuß findet, der Mönch, der Schüler Buddhas, sollte nicht der Ehre verfallen sondern durch Rückzug wachsen[159]. |

# Panditavaggo (Abschnitt über Weise)

| | | |
|---|---|---|
| 76 | nidhīnaṁ va pavattāraṁ yaṁ passe vajjadassinaṁ. Niggayhavādiṁ medhāviṁ tādisaṁ panditaṁ bhaje tādisaṁ bhajamānassa seyyo hoti na pāpiyo. | Jemand der dir Fehler zeigt, so wie einen (verborgenen) Schatz[160], der dich weise ermahnt – mit solchen Weisen soll man Umgang pflegen. Ein solcher Umgang führt zum Guten, nicht zum Schlechten[161]. |
| 77 | ovadeyyânusāseyya asabbhā ca nivāraye, sataṁ hi so piyo hoti, asataṁ hoti appiyo. | Ermahne[162] und Unterweise[163], halte vom Falschen fern; so bist du bei Guten beliebt, bei Bösen (aber) unbeliebt[164]. |
| 78 | na bhaje pāpake mitte, na bhaje purisâdhame bhajetta mitte kalyāne bhajata purisuttame. | Verbinde[165] dich nicht mit schlechten Freunden und niedrigen Menschen. Mit den Gesegneten[166], jenen die höher sind, suche die Verbindung. |
| 79 | dhamma pīti[167] sukhaṁ seti vippasannena cetasā. ariyappa vepite dhamme sadā ramati pandito. | Wer freudig[168] die Warheit gekostet hat und seine Gedanken klar erkennt, dieser Weise erfreut[169] sich immer an der von den Edelen gezeigten Lehre. |
| 80 | udakaṁ hi nayanti[170] nettikā, usukārā namayanti tejanaṁ, dāruṁ namayanti tacchakā, attānaṁ damayanti panditā. | Die Bewässerungsspezialisten leiten Wasser, die Bogner schlichten[171] Pfeile, das Holz schlichten Tischler, die Weisen bändigen ihr Selbst[172]. |
| 81 | selo yathā ekaghano vātena na samirāti evaṁ nindāpasaṁsāsu na samiñ-janti panditā. | So wie ein solider Fels nicht vom Wind bewegt werden kann, so bringen auch Lob und Tadel den Weisen nicht aus seiner Ruhe[173]. |
| 82 | Yatha pi rahado gambhīro vippasanno anāvilo, evaṁ dhammāni sutvāna vippasīdanti panditā. | So wie ein ungestörter[174] tiefer See klar und pur ist, so werden auch die Weisen beim Betrachten[175] der Lehre (des Gesetzes) klar. |
| 83 | sabbattha ve sappurisā cajanti na kāmakāmā lapayanti santo. sukhena phutthā athavā dukhena, na uccâvacaṁ pabdiatā dassayanti. | Der gute Mensch läßt überall die Sinnengier[176] los, der die Wesen nachweinen[177]. Egal ob Freude oder Leid die Weisen berührt – sie zeigen sich unberührt[178]. |
| 84 | na attahethu, na parassa hetu, na puttam icche, na dhanam, na rattham. nayiccheyya adham-mena samiddhim attano, sa sīlavā paññavā, dhammiko siyā. | Nicht für sich Selbst, auch nicht für Andere begehre man Kinder, Söhne, Schätze[179] oder Macht[180]. Nicht zu Unrecht wünsche man sich Erfolg, selbst beachte man die Ethik, sei weise und religiös[181]. |

| | | |
|---|---|---|
| 85 | appakā te manussesu ye janā pāragāmino athayaṁ itarā pajā tīram eva anudhāvati. | Nur wenige der Menschen sind (an das andere Ufer) hinübergegangen, alle anderen Wesen folgen nur dem Lauf des Ufers[182]. |
| 86 | ye ca kho sammadakkhāte dhamme dhammanuvattino te janā pāram esanti, maccudheyyaṁ suduttaraṁ. | Jene, die wirklich nach der gut verkündeten Lehre leben, werden die andere Seite des schwer zu kreuzenden Todesreiches[183] erreichen. |
| 87 | khanaṁ dhammaṁ vippahāya sukkhaṁ bhāveta pandito oka anokam āgamma, viveke yattha dūramaṁ. | Das Finstere lassend, die Klarheit erlangend hat der Weise vom Haus das Hauslose erreicht, wo es keine weltliche Unterhaltung[184] gibt. |
| 88 | tatrâbhiratim iccheyya. Hitvā kāme akiñcano paryodapeyya attānaṁ cittaklesehi pandito. | Ein weiser Mensch will sich daran erfreuen die Sinnengier losgelassen zu haben, sich von den Geistesfesseln befreit zu haben[185]. |
| 89 | yesam sambodhiyangesu sammā cittaṁ subhāvitaṁ ādānapati-nissagge anupādāya ye ratā khīnâsavā jutīmanto te loke parinibuta. | Jene, die Ihr Bewußtsein richtig[186] bei der Erleuchtung entfaltet haben, die sich dran erfreuen nicht mehr anzuhaften, deren Triebe versiegt sind, diese haben sich komplett von der Welt befreit[187]. |

# Arahantavagga (Abschnitt über Arahants)

| | | |
|---|---|---|
| 90 | gataddhino visokassa vippamuttassa sabbadhi sabbaganthappahīnassa parilāho no vijjati. | Jemand, der (am Ziel) des Weges angekommen ist, frei von Sorge, allseits erlöst und aller Anhaftung[188] ledig ist, für den gibt es keinen Schmerz[189] mehr. |
| 91 | uyyuñjati santīmanto na nikete ramanti te haṁsā va pallalaṁ hitvā okam omaṁ jamanti te. | Die Achtsamen gehen fort, freuen sich nicht am Heim. So wie der Schwan den Teich[190] verlässt, so verlassen Sie Haus und Hof. |
| 92 | yesaṁ sannicayo natthi, ye pariññātabhojanā suññato animitto ca vimokkho yesam gocaro. ākāse va sakuntānaṁ gati tesaṁ durannayā. | Jene, die nicht mehr anhäufen[191] und die Nahrung kennen[192], wachsam die Leerheit als Quelle der Befreiung sehen, deren Weg[193] ist so schwer zu folgen wie jenem der Vögel am Himmel. |
| 93 | yassâsavā parikkhīnā āhāre ca anissito suññato animitto ca vimokkho yassa gocaro. ākāse va sakuntānaṁ padaṁ tassa durannayaṁ. | Jene, die den Makel [194]zerstört haben, nicht mehr an Nahrung anhaften, die Leerheit als Ursprung der Befreiung sehen; ihrem Weg ist so schwer zu folgen, wie jenem der Vögel am Himmel. |
| 94 | yass'indriyāni samathagatāni assā yathā sārsthinā sudantā pahīna-mānassa anâsavassa, devāpi tassa pihayanti tādino. | Wer die Fähigkeit des Pfads zur Ruhe[195] (realisiert) hat, gleich wie Pferde vom Wagenlenker geleitet[196], frei von Stolz[197] und menschlicher Lust ist, selbst göttliche Wesen beneiden einen solchen (Menschen). |
| 95 | pathavīsano no virujjhati indakhīlûpamo tādi subbato rahado va adetakaddamo saṁsārā na bhavanti tādino. | So wie die Erde, nicht zerfallend, einer starken Säule gleich, so wie der See vom Schlamm gereinigt, von solcher Qualität[198] ist die Existenz eines Heiligen[199]. |
| 96 | santaṁ tassa manaṁ hoti, santā vāvā ca kamma ca sammadabbā vimuttassa upasantassa tādino. | Friedlich ist der Geist[200], friedlich sind die Worte und Taten des Herren[201], der völlig durch Wissen erlöst ist und dauerhaft ruhig geworden ist. |

| | | |
|---|---|---|
| **97**[202] | assaddho akatabbū ca sandhic-chedo[203] ca yo naro. hatâvakā-so[204] vantâso sa ve uttamaporiso. | Der Mensch, der ohne blindes Ver-trauen[205], das Nirvana kennt, alle Gier, und Gelegenheiten zur Wie-dergeburt) entfernt hat ist der Beste (unter den Menschen). |
| **98** | gāme vā yadi va araññe ninne vā yadi vā thale yatthârahanto viha-ranti taṁ bhūmiṁ rāmaneyya-kaṁ. | (Egal) ob im Wald, im Dorf, auf ei-ner Anhöhe oder im Tal, wo immer Heilige verweilen ist ein angeneh-mer[206] Ort. |
| **99** | ramanīyāni araññāni, yattha na ramatī jano vītarāgā ramissanti, na te kāmagauesino. | Wunderbar sind tiefe Wälder, wo Menschen sich nicht (an Sinnendin-gen) erfreuen, nur Gierlose freuen sich dort, nicht jene die Sinnesfreude suchen[207]. |

# Sahassavaggo (Abschnitt über Tausend)

| | | |
|---|---|---|
| 100 | sahassam api ce vācā anattha-padasaṁhitā ekaṁ attha-padaṁ seyyo yaṁ sutvā upa-sammati. | Und seien es auch tausend Vorträge ohne tieferen Sinn, ein einzelner Vortrag des achtfachen Pfades der zur Ruhe[208] führt ist mehr wert. |
| 101 | sahassam api ce gāthā anatthapadasaṁhitā ekaṁ gāthā-padaṁ seyyo yaṁ sutvā upasammati. | Und seien es auch tausend Verse ohne tieferen Sinn, ein einziger Halbvers[209] der zur Ruhe führt ist mehr wert. |
| 102 | yo ca gathāsataṁ bhāse anatthapadasaṁhitā ekaṁ dhammāpadaṁ seyyo yaṁ sutvā upasammati. | Und spricht man auch hundert Verse ohne tieferen Sinn, ein einziger Dhammavers, der zur Ruhe[210] führt, ist mehr wert. |
| 103 | yo sahassaṁ sahassena sangāme mānuse jine. ekaṁ ca jeyya attānaṁ sav e sangāma-juttamo. | (Egal) ob man auch zu Tausenden aus tausend Konflikten siegreich hervorgegangen ist - wer nur einen Kampf[211] gewinnt, jenen gegen sich Selbst, der wird der höchster Sieger genannt. |
| 104 | attā have jitaṁ seyyo yā cây-aṁ itarā pajā. attadantassa po-sassa niccaṁ saṁyatacarino, | Es ist besser sich selbst zu besiegen, als all die anderen Menschen. Ein Mensch der sich selbst gezähmt hat, der immer selbstkontrolliert agiert, |
| 105 | n´eva devo, na gandhabbo, na māro saha brahmunā jitaṁ apajitaṁ kayirā tathārūpassa jantuno. | kein Gott, kein Himmelswesen, auch nicht Mara und Brahma gemeinsam können den Sieg[212] eines solchen Wesens zunichte machen. |
| 106 | māse māse sahassena ya ya-jetha sataṁ samaṁ ekañ ca bhāvittattānaṁ muhuttam api pūjave sā yeva pūnanā seyyo yañ ce vassasataṁ hutaṁ. | Möge man Monat für Monat, hundert Jahre lang, tausende (Geldeinheiten) opfern; doch einen Selbstgeschulten, einen Heiligen nur für einen Moment zu verehren[213] ist mehr wert als solch ein Jahrhundert des Opferns[214]. |
| 107 | yo ca vassasataṁ jantu aggiṁ paricare vane ekañ ca bhavi-tattānaṁ muhuttam api pūjaye sā yeva pūjanā seyyo yañ ca vassasataṁ hutaṁ. | Möge man sich auch hundert Jahre dem Feuer im Wald widmen. Doch einen Selbstgeschulten nur für einen Moment zu verehren ist mehr wert als solch ein Jahrhundert des Opferns[215]. |

| 108 | yaṁ kiñci yitthaṁ ca hutaṁ ca loke saṁvaccharaṁ yajetha puññapekho sabbam pi taṁ na catubhāgam eti abhivādanā ujjugatesu seyyo. | Welche Opfer und Geschenke ein Verdienstbegieriger der Welt ein Jahr lang opfert, das alles ist nicht ein Viertel der respektvollen Verehrung eines Menschen mit aufrichtigem Verhalten[216] wert. |
|-----|-----|-----|
| 109 | abhivādanasīlissa niccaṁ vaddhâpacāyino cattāro dhammā vaddhanti: āyu, vanno, sukham, balaṁ. | Wer Sittliche respekvoll verehrt, und Verehrungswürdige schätzt, bei dem wachsen vier Dinge an: Lebensdauer, Form[217], Glück und Kraft[218]. |
| 110 | yo ca vassasataṁ jīve dussīlo asamāhito ekâham jīvitaṁ seyyo sīlavantassa jhāyino. | Und lebt man auch ein Jahrhundert unmoralisch und nicht stabil, wertvoller ist ein Tag der Übung der Sittlichkeit[219]. |
| 111 | yo ca vassasataṁ jīve duppañño asamahito, ekâham jīvitaṁ seyyo paññavantassa jahāyino. | Und bleibt man auch ein Jahrhundert einsichtslos und instabil, wertvoller ist ein Tag der (meditativen[220]) Übung der Weisheit. |
| 112 | yo ca vassasataṁ jīve kusīto hinavīriyo, ekâham jīvitam seyyo viriyan ārabhato dalham, | Und lebt man ein Jahrhundert inaktiv und energielos, wertvoller ist ein Tag an dem man kräftig (Etwas) beginnt[221]. |
| 113 | yo ca vassasataṁ jīve apassaṁ udayavayaṁ, ekâham jīvitam seyyo passato udayayayaṁ. | Und lebt man auch ein Jahrhundert ohne das Entstehen und Vergehen zu erkennen, wertvoller ist ein einziger Tag an dem man das Entstehen und Vergehen klar sieht. |
| 114 | yo ca vassasataṁ jīve apassaṁ amataṁ padaṁ ekâham jīvitaṁ seyyo passato amataṁ padaṁ | Und lebt man auch ein Jahrhundert ohne den Weg zum Todlosen zu sehen, mehr ist ein Tag wert, an dem man den Pfad[222] ins Todlose[223] erkannt hat. |
| 115 | yo ca vassasataṁ jīve apassaṁ dhammam uttamaṁ ekâham jīvitaṁ seyyo passato dhammam uttamaṁ. | Und lebt man auch ein Jahrhundert ohne die höchste Warheit zu erkennen, wertvoller ist ein einziger Tag[224] an dem man diese höchste Warheit erkennt. |

# Pāpavaggo (Abschnitt über Böse[225])

| | | |
|---|---|---|
| 116 | abhittharetha kalyāne pāpā cittaṁ nivāraya dandham hi karoto puññaṁ pāpasmiṁ ramatī mano. | Man tue rasch Gutes (wenn einem danach ist), vom Bösen halte man das eigene Bewußtsein fern. Wer nämlich nur langsam Gutes tut, dessen Geist erfreut sich am Bösen[226]. |
| 117 | pāpañ ce puriso kayira na taṁ kayirā punapunaṁ na tamhi chandaṁ kayirātha dukkho pāpassa uccayo. | Wenn man Unheilsames getan hat, sollte man es nicht wiederholen, man sollte nicht den Wunsch danach haben. Das Anhäufen des Üblen bringt Leid[227]. |
| 118 | puññaṁ ce puriso kayirā kayirāth enaṁ punnapunaṁ tamhi chandaṁ kayirātha sukho puññassa uccayo. | Wenn man Gutes getan hat, so soll man es wiederholen, man sollte Lust daran verspüren. Das Anhäufen des Guten[228] bringt Glück. |
| 119 | pāpo pi passati bhadraṁ yāva pāpaṁ na pacceti. yadā ca pacceti. pāpaṁ (atha) pāpo pāpāni passati | Der böse Mensch erlebt auch Gutes, solange das Böse noch nicht reift[229]. Sobald aber das Böse reift erlebt auch dieser Mensch Böses. |
| 120 | bhadro pi passati pāpaṁ yāva bhadraṁ na paccati. yadā ca paccati bhadram (atha) bhadro bhadrām passati. | Der gute Mensch erlebt auch Schlechtes solange das Gute noch nicht reift[230]. Sobald aber das Gute reift erlebt der gute Mensch (nur noch) Gutes. |
| 121 | mâppamaññetha pāpasya na man taṁ āgamissati udabindunipātena. udakumbho pi pūrati. bālo pūrati pāpassa thokathokam pi ācinaṁ. | Unterschätze das Böse nicht: Es kommt ja nicht zu mir zurück (sagt man sich): Sogar einzeln herbfallende Wassertropfen[231] füllen letztlich den Wasserkrug. Ein Tor füllt sich mit Schlechtem wenn er nach und nach Böses anhäuft[232]. |
| 122 | mâppamaññetha puññassa: na man taṁ āgamisati. Udabindunipātena udakumbho pi pūrati. dhīro pūrati puññassa thokathokam pi ācinaṁ. | Unterschätze das Gute nicht: Es kommt ja nicht zurück. Sogar einzeln herabfallende Wassertropfen füllen (letztlich) den Wasserkrug[233]. Ein Weiser füllt sich mit Gutem wenn er nach und nach Gutes anhäuft. |
| 123 | vanijo va bhayaṁ maggaṁ appasattho mahadhano visaṁ jīvitukāmo va, pāpāni parivajjaye. | So wie ein schlecht geschützter reicher Händler mit kleiner Karawane den gefährlichen Weg meidet, so wie jemand, der am Leben hängt Gift meidet; so sollte man das Böse vermeiden[234]. |

| | | |
|---|---|---|
| 124 | pānimhi ce vano nâssa, ha-reyya pāninā visaṁ nâbbanaṁ visaṁ anveti, n` atthi pāpaṁ akubbato. | Wenn man keine Wunde (im Handballen) hat[235] kann man das Gift mit der Hand anfassen, unverwundet wirkt es nicht. Jenen, der das Böse scheut trifft kein Leid. |
| 125 | yo appadutthassa narassa dussati saddhassa posassa anangasassa tam eva bālaṁ pacceti pāpaṁ sukhumo rajo patīvātaṁ va khitto. | Jener, der einen unschuldigen Menschen angreift, ein lauteres[236], gierfreies und vertrauensvolles Wesen, auf jene Toren fällt das Ergebnis zurück, so wie feiner Staub, den man gegen den Wind geworfen hat[237]. |
| 126 | gabbham ekae upajjanti nirayaṁ pāpa kammino saggaṁ sugatino yanti, parinibbanti anāvasā. | Im Mutterschoß kehrt Mancher wieder, in der Hölle wer unheilsames tat, im Himmel wer gutes tat, (nur) der Triebversiegte erlöscht ganz[238]. |
| 127 | na antalikkhe, na samuddamajjhe, na pabbatānaṁ vivaraṁ pavissa, na vijjatī so jagati ppadeso yatratthito na muñceyya papākammā. | Nicht in der Luft, nicht in der Meeresmitte, nicht auf einem Berg, nicht in Höhlen versteckt[239], nirgends findet man einen Ort auf dieser Erde wo man der eigenen unheilsamen Tat entgehen kann. |
| 128 | na antalikkhe, na samuddamajjhe, na pabbatānaṁ vivaraṁ pavissa, na vijjatī, so jagatippadeso yatratthitaṁ nappassheyya maccu. | Nicht in der Luft, nicht in der Meeresmitte, nicht auf einem Berg, nicht in Höhlen versteckt, nirgends findet man einen Ort auf dieser Erde wo man nicht vom Tod überwunden wird[240]. |

# Dandavaggo (Abschnitt über die Bestrafung)

| | | |
|---|---|---|
| 129 | sabbe tasanti dandassa, sabbe bhāyanti maccuno. attānaṁ upamaṁ katvā na haneyya, na ghātaye. | Alle fürchten Züchtigung, fürchten sich vor dem Tod. Schließe daher von dir Selbst auf andere Wesen[241] und mach was getan werden sollte; töte nicht und veranlasse auch nicht[242], daß getötet wird. |
| 130 | Sabbe tasanti daṇḍassa, sabbesaṁ jīvitaṁ piyaṁ. attānaṁ upamaṁ katvā, na haneyya na ghātaye. | Alle fürchten Züchtigung, allen ist das eigene Leben lieb. Schließe daher von dir Selbst auf andere Wesen und mache was getan werden muß; töte nicht und veranlasse auch nicht, daß getötet wird. |
| 131 | sukhakāmāni bhūtāni yo dandena vihiṁsati, attano sukham esāno, pecca na labhate sukhaṁ. | Wer Wesen, die nach Glück streben verletzt, wird bei der Suche nach dem eigenen Glück im nächsten Leben leer ausgehen[243]. |
| 132 | sukhakāmāni bhūtāni yo dandena na vihimsati attano sukham esāno, pecca labhate sukham. | Wer Wesen die nach Glück streben nicht verletzt, wird bei der Suche nach dem eigenen Glück im nächsten Leben erfolgreich sein. |
| 133 | mā voca pharusaṁ kañci, vuttā pativadeyyu taṁ dukkhā hi sārambhakathā, patidandā phuseyyu taṁ. | Sprich nicht hart zu anderen Menschen, beschimpft werden sie es erwidern. Ärgerliches Reden bringt dir Leid und Gegenschläge werden dich treffen[244]. |
| 134 | sace neresi attānaṁ kaṁso upahato yathā esa patto 'si nibbānaṁ, sārambho ten na vijjati. | Wenn das Ich nicht mehr erbeben kann wie ein Broncegong[245], so hat es das Nirwana erreicht, es gibt keinen Ärger mehr. |
| 135 | yathā dandena gopālo gāvo pāceti gocaraṁ evaṁ jarā ca maccū ca āyun pācenti pāninaṁ. | So wie der Hirte mit dem Stock die Stiere zur Weide treibt, so treiben Alter und Tod die Lebenszeit (der atmenden Geschöpfe) fort[246]. |
| 136 | atha pāpāni kammāni karaṁ bālo na bujjhati sehi kammehi dummedho aggidaddo va tappati. | Seine falschen Handlungen (und deren Auswirkungen[247]) versteht der Tor nicht. Durch die eigene fälschliche Tat wird er wie vom Feuer gepeinigt. |
| 137 | yo dandena adandesu appadutthesu dussati dasannam aññatāraṁ thānaṁ khippam eva nigacchati. | Wer den Friedlichen bestraft, den Unschuldigen attackiert, der wird sicher schnell von einer der 10 folgenden Bedingungen[248] getroffen: |
| 138 | vedanaṁ pharusaṁ jāniṁ | Schmerzhafte Gefühle, Verstümmelung, |

| | | |
|---|---|---|
| **139** / **140** | sarīrassa ca bhedanaṁ garu-kaṁ vāpi ābādhaṁ cittakep-paṁ ca pādune. rājato vā upassaggaṁ abb-hakkhānaṁ ca dārunaṁ pa-rikahayaṁ ca ñatīnaṁ bhogānaṁ ca pabhanguraṁ athavâssa agārani aggi da-hanti pāvako kāyassa bhedā duppañño nirayaṁ sopa upajjati. | Verlust, schwere (körperliche) Krank-heit oder eine Geisteskrankheit wird Ihn befallen, vom Fürsten Probleme[249], (ungerecht-fertigte) Beschuldigungen, Bestrafun-gen, Verwandte scheiden dahin, Güter gehen verlustig, oder ein Feuer zerstört ihm sein Haus[250]. Nach dem Zerfall des Körpers wird er in der Hölle wiedergeboren. |
| **141** | na naggacariyā na jatā na pavkā na anāsaka thandi-lasāyikā vā rajo va jall uk-kutikappadhānaṁ sodhenti maccaṁ avitinna-kankhaṁ. | Nicht Nacktgehen, nicht Flechthaar, nicht Schlamm, auch Fasten und auf dem Boden schlafen, Schmutz, Staub und der Hochsitz[251] machen die sterbli-chen Wesen, die den Zweifel nicht überwunden haben rein. |
| **142** | alankato ce pi samañ ca-reyya santo danto niyanto brahmacam sabbesu bhūtesu nidhāya dandaṁ so brāhma-no, so samano sa bikkhu. | Wer geschmückt[252] ist, gestillt, geübt, gefestigt, heilig lebend der das Verlet-zen aller Wesen abgelegt hat, der wird als Brahmane oder Asket bezeichnet, ist selbst der Mönch. |
| **143** | hirīnisedho puriso koci lo-kasmi vijjati so nindaṁ ap-pabodhati asso bhadro ka-sam iva. | Kann man in dieser Welt einen Men-schen finden, der vom Schamgefühl be-herrscht dem Tadel keine Grundlage gibt, so wie das gute Pferd[253] der Peit-sche? |
| **144** | asso yathā bhadro kasāni-vittho atāpino saṁvegino bhavaāto saddhāya sīlena ca viriyena ca samādhinā dhammavinic-chayena ca sampanna-vijjācarenā patis-satā pahassatha dukkham idaṁ anappakaṁ | Wie ein Pferd vom Peitschenhieb ge-troffen, seid vom Schrecken[254] ergriffen. Durch Vertrauen, Sittlichkeit und Wil-lenskraft, Sammlung, Ergründung des Dhamma, erfolgreich im Wissen, kann dieses große Leid zurückgelassen[255] werden. |
| **145**[256] | udakaṁ hi nayanti nettikā usukārā namayanti tejanaṁ dāruṁ namayanati tacchakā attānam damayanti subbatā. | Wasser leiten die Bewässerungsspezia-listen, Bogner schlichten ihre Pfeile, Tischler schlichten ihr Holz. Der Ge-schickte bändigt sein Selbst. |

# Jarāvaggo (Abschnitt über den Verfall)

| | | |
|---|---|---|
| 146 | ko nu hāso? kim ānando niccaṁ pajjalite sati? andhakārena onaddha padīpaṁ na gavessatha? | Was soll das Gelächter, was die Freude wenn man sich erinnert, dass alles ewig[257] in Flammen steht[258]? Dunkelheit bedeckt euch, warum sucht Ihr keine Lampe[259]? |
| 147 | passa cittakataṁ bimbaṁ arukāyan samussitaṁ āturam bahusankappaṁ yassa n' atthi dhuvaṁ thitti. | Schau - dieser vom Bewußtsein stolz geschaffene Körper, voller Wunden, betroffen von Siechtum, ohne Kontinuität und Bestand[260]. |
| 148 | parijinam idaṁ rūpaṁ, roganiddhaṁ pabhanguraṁ bhijjati pūtisandeho, maranantaṁ hi jīvitaṁ. | Aufgetragen ist dieser Körper, ein zerbrechlicher Krankheitsherd. Dieser faule Haufen zerfällt bald[261]. Das Leben endet unvermeidbar im Tod. |
| 149 | yāni māni apatthāni alāpūn eva sārade kāpotakāni atthīni tāni disvāna kā rati? | Mit den gleichen Problemen wie ein Kürbis im Herbst[262] ist dieses graue Gerippe behaftet. Wie kann man, wenn man sich besinnt, da noch Gefallen[263] finden? |
| 150 | attahīnaṁ nagaram kataṁ maṁsalohitalepanaṁ yattha jara ca maccū ca māno ca obhito. | Aus Knochen ist die Stadt gebaut, mit Blut und Fleisch sind die Straßen gepflastert[264]; Dort sind Alter, Tod und Stolz[265] versteckt.[266] |
| 151 | jīranti ve rājarathā sucittā ahato sartram pi jaraṁ upeti sataṁ ca dhammo na jaraṁ upeti santo have sabbhi pavedayanti. | Die bunten Königswägen[267] verfallen, auch der (filigrane) Körper ist vom Eintritt in das Alter betroffen, aber das echte Gesetz[268] tritt nicht in den Zerfall, es ist gut bekannt gemacht. |
| 152 | appassutâyam puriso balivaddo va jīrati maṁsānī tassa vaddhanti, paññā tassa na vadhati. | Wenig hat diese Person gelernt, sie altert so wie der Ochse[269], das Fleisch wächst an, die Weisheit aber nicht. |
| 153 | anekajātisaṁsaraṁ sanhāvissaṁ anibbisaṁ gahakārakaṁ gavesanto, dukkhā jāti punappunaṁ | Oft habe ich den Daseinskreislauf durchwandert, ich suchte den Hauserbauer[270] und fand ihn nicht. Leidvoll ist die immer wiederkehrende Geburt. |
| 154 | gahakāraka dittho si puna gehaṁ na kāhasi sabbā te phāsukā bhaggā gahakūṭaṁ visankhitaṁ visan-khāragataṁ cittaṁ tanhānam khayam ajjhagā. | Erkannt bist du Hausbauer, kein neues Haus baust du mehr. Alle Sparren[271] sind zerbrochen, der Giebel[272] ist zerstört, mein Bewußtsein hat Entwendung gefunden hat und gelernt vom Durst frei zu sein. |

|     | |     |
| --- | --- | --- |
| **155** | acaritvā brahmacariyaṁ, aladdhā yobbane dhanaṁ jinnakoñcā va jhāyanti khīnamacche va pallale. | Wer nicht in der Jugend den heilgen Wandel gelebt hat, und auch keinen (materiallen) Reichtum angehäuft hat[273], der klagt einem alten Reiher gleich am leergefischten Teich[274]. |
| **156** | acaritvā brahmacarijaṁ, aladdhā yobbane dhanaṁ senti cāpâtikhīnā va purānāni anutthunaṁ | Wer weder in der Jugend den heiligen Wandel gelebt hat, noch materiellen Reichtum angehäuft hat, der gleicht einem bereits abgeschossenen Pfeil[275], bejammernd was einst war. |

# Attavaggo (Abschnitt über das Selbst)

| | | |
|---|---|---|
| 157 | attānañ ca piyaṁ jaññā rakkheyya naṁ surakkhitam tinnaṁ aññattaraṁ yāmaṁ patijageyya pandito. | Wer sich selbst lieb[276] ist und sich selbst gut beschützen will, dieser Weise sollte eine von drei Nachtwachen[277] überblicken[278]. |
| 158 | attānam eva pathamaṁ patirūpe nivesaye ath´aññaṁ anusāseyya, na kilisseyya pandito. | Man muß zuerst das eigene Selbst am Pfad sichern[279], erst dann belehre man Andere, so verletzt sich der Weise nicht (selbst). |
| 159 | attānañ ce tathā kayirā yath aññam anusāsati sudanto vata dametha attā hi kira duddamo. | Wenn man das eigene Selbst so entwickelt, wie man es Andere lehrt kann man durch die Praxis der eigenen[280] Überwindung vorzeigen wie das schwer zu Zähmende unterworfen werden kann. |
| 160 | attā hi attano nātho, ko hi nātho paro siyā? attanā hi sudentena nāthaṁ labhati dullabhaṁ. | Das Selbst ist unser eigener[281] Beschützer, woher soll sonst Schutz kommen? Nur mit einem gut trainierten Selbst erhält man diesen schwer zu findenen Schutz[282]. |
| 161 | attanā va kataṁ papaṁ, attajaṁ attasambhavaṁ abhimanthati dummedhaṁ vajiraṁ v´asma-mayaṁ maniṁ. | Die böse Tat, selbst, aus eigenem Antrieb getan trifft den Verursacher selbst, so wie ein Diamant[283] selbst harte Edelsteine zermalmt. |
| 162 | yassa accantadussīlyaṁ māluvā sālam iv otthataṁ karoti so tath attānaṁ, yathā naṁ icchatī diso. | Wer von der ständigen Sittenlosigkeit wie der Sala-Baum von einer Liane umschlungen wird, bewirkt mit seinem Selbst etwas, das er selbst dem Feind nicht wünscht[284]. |
| 163 | sukarāni asādhūni attano abhitāni ca vaṁ ve hitañ ca, sādhuñ ca, taṁ ve paramadukaraṁ. | Das Unheilsame ist leicht selbst vollbracht, aber die Wahl[285], das was heilsam und gut ist zu tun, ist schwer zu treffen. |
| 164 | yo sāsanaṁ arahataṁ, ariyānaṁ, dhammajīvinaṁ patikkosati dummedho, dittiṁ nissaya pāpikaṁ phālani katthakass eva attaghaññāya phallati | Jener, der die Edlen, die dem Gesetz entsprechen leben fälschlich beschuldigt, der Tor der sich auf solch falsche Ansichten einläßt, zeugt so wie das Bambusrohr[286] Früchte zur eigenen Zerstörung. |

| 165 | attanā hi kataṁ pāpaṁ, attanā sankilissati attanā akataṁ pāpaṁ, attanā visujjhati suddhī asuddhī paccattaṁ nañño aññaṁ visodhaye. | Selbst erzielt man das Ergebnis des Un-heilsamen, selbst erzielt man das Ergeb-nis der Reinigung. (Spirituelle) Heilung und Nicht-Heilung ist individuell[287], kein Anderer kann dich läutern. |
|---|---|---|
| 166 | attadatthaṁ paratthena ba-hunāpi na hāpaye attadattham abhiññāya sadatthapasuto siyā. | Die eigenen spirituellen Errungenschaf-ten gib nicht Preis für die spirituellen Errungenschaften Anderer[288], seien sie auch noch so groß. Hast du deine eige-nen spirituellen Errungenschaften voll-ständig erkannt, so sollst du dich den wahren Errungenschaften hingeben. |

# Lokavaggo (Abschnitt über die Welt)

| | | |
|---|---|---|
| 167 | hīnaṁ dhammaṁ na seveyya, pamādena na saṁvase micchā-ditthiṁ na seveyya, na siyā lokavaddhano. | Lass dich nicht von Schlechten belehren[289], verbinde dich nicht mit Nachlässigen, hab keine verdrehte Ansicht und hafte nicht an weltlichem Wachstum an[290]. |
| 168 | uttitthe nappamajjeyya, dhammaṁ sucaritaṁ care dhammacāri sukhaṁ seti asmiṁ loke paramhi ca. | Rafft euch auf, seid nicht schlaff[291], wandelt gemäß dem Gesetz. Wer das Gesetz erfüllt kostet freudig die Warheit[292] in dieser[293] und der nächsten Welt. |
| 169 | dhammaṁ care sucaritaṁ. na naṁ duccaritaṁ care dhammacārī suhhaṁ seti asmiṁ loke paramhi ca. | Belehrt geworden[294] solltest du es richtig tun, nicht schlecht wandeln. Wer das Gesetz erfüllt kostet den Kern dieser Welt[295]. |
| 170 | yathā bubbulakaṁ passe, yathā passe marīcikaṁ evam lokaṁ avekkhantaṁ maccurājā na passati. | Wenn man sich selbst als Blase[296] oder Illusion erkennt, so entgeht man des Todesfürsten Blick, wenn er die Welt betrachtet[297]. |
| 171 | etha passath'imaṁ lokaṁ cittaṁ rājarathupamaṁ yattha bālā visīdanti n'atthi sango vijānataṁ. | Komm und erkenne selbst die Welt und dein Bewußtsein[298] wie einen schönen Königswagen. Dort wo sich der Tor verstrickt ist für jene die es richtig verstehen kein Anhaften mehr[299]. |
| 172 | yo ca pubbe pamajjitavā pacchā so nappamajjat so imaṁ lokaṁ pabhāseti abbhā mutt va candimā. | Jener, der zuerst seine Zeit verschwendet hat, es aber später läßt, der leuchtet über der Welt, wie der Mond, nachdem sich die Wolken verzogen[300] haben. |
| 173 | yassa pāpaṁ kataṁ kammaṁ kusalena pihī yati so imaṁ lokaṁ pabhāseti abbhā mutto va candimā. | In wem die schlecht getane Tat von Gutem beendet wird, der leuchtet über der Welt wie der von Wolken freie Mond[301]. |
| 174 | andhabūto ayaṁ loko, tanuk ettha vipassati sakunto jālamutto va appo saggāya gaccati. | Die unvergleichliche Welt lebt blind dahin, nur Wenige sehen hier klar, ziehen himmelwärts, wie der Vogel, der sich aus der Schlinge befreit[302] hat. |

| | | |
|---|---|---|
| 175 | haṁsâdiccapathe yanti ākāse yanti iddhiyā nīyanti dhīra lokamhā jetvā māraṁ savāhanaṁ. | Der Schwan fliegt dem Pfad der Sonne nach, durch Magie[303] reist man durch den Raum. Weise werden von der Welt weggeleitet, sie haben Mara und seine Armee besiegt[304]. |
| 176 | ekaṁ dhammaṁ atītassa musāvādissa jantuno vitinnaparalo-kassa n´atthi pāpaṁ akāriyam. | Die Wesen, welche die erfolgte Belehrung unbeachtet lassen und lügen, die nächste Welt zurückgewiesen[305] haben, sind zu allen Üblen fähig[306]. |
| 177 | na ve kadariyā devalokaṁ vajanti bālā have nappasaṁsanti dānaṁ dhīro ca dānaṁ anumodamāno ten eva so hoti sukhī parattha. | Sicher steigen die Geizigen[307] (Egoistischen) nicht in die göttlichen Welten auf, nicht preisen solche Toren das Geben. Der Tapfere, ist durch Gaben zufrieden, er lebt freudig in der nächsten Welt. |
| 178 | pathavyā ekarajjena saggassa gamanena vā sabbalokādhipaccena sotāpattiphalaṁ varaṁ. | Besser als die Alleinherrschaft auf Erden oder eine himmlische Wiedergeburt, wertvoller als die Oberhoheit über die ganze Welt ist die Frucht des Stromeintritts[308]. |

# Buddhavaggo (Abschnitt über den Erwachten)

| | | |
|---|---|---|
| 179 | yassa jitaṁ nâvajīyati jitamassa no yāti koci loke taṁ buddham anantagocaraṁ apadaṁ kena padena nessatha? | Der, dessen Sieg[309] nicht mehr verfällt, dem keine Geburt mehr in der Welt droht. Wie wollt ihr die Spur eines Erwachten, spurlos auf der endlosen Weide zerstören?[310] |
| 180 | yassa jālinī visattikā tanhā n´atth kuhiñci netave taṁ buddham anantagocaraṁ apadaṁ kena padena nessatha? | Wer nicht mehr von Lust und Gier umgarnt wird existiert nirgends mehr[311]. Wie wollt ihr die Spur eines Erwachten, spurlos auf der endlosen Weide zerstören? |
| 181 | ye jhānapasutā dhīrā nekhammu upasame ratā devāpi tesaṁ pihayanti sambuddhānaṁ satīmataṁ. | Die Weisen, welche sich in den Vertiefungen[312] üben, die sich am Frieden der Entsagung freuen, vollkommen aus sich selbst erwacht[313], werden selbst von den göttlichen Wesen[314] beneidet. |
| 182 | kiccho manussapatilābho, kiccaṁ maccāna jīvītaṁ kiccaṁ saddhamma-savanaṁ kiccho buddhānaṁ uppādo. | Schwer[315] ist das menschliche Dasein schwer lebt man als Sterblicher, schwer hört man die gute Lehre[316], schwer ist es völlig zu erwachen[317]. |
| 183 | sabbapāpassa akaranaṁ kusalassa upasapadā sacittapariyodapanaṁ etam buddhāna sāsanam. | Alles Unheilsame weglassen, das Heilsame vermehren, das eigenen Bewußtsein[318] läutern, das ist der Erwachten[319] Lehre. |
| 184 | khantī paramaṁ tapo, titikkhā nibbanaṁ paramaṁ vadanti buddhā na hi pabbajito paru upaghātī, na samano hoti paraṁ vihethayanto. | Geduld und das Aushalten von Leid ist die höchste spirituelle Praxis.[320] Erwachte sagen aber Nirvana ist das Höchste. Ein Mönch verletzt[321] niemanden, jemand der verletzt erreicht das Höchste nicht. |
| 185 | anupavādo anūpaghato, patimokkhe ca saṁvaro mattaññutā ca bhattamiṁ panthaṁ ca sayanā sanaṁ adhicitte ca āyogo etam buddhāna sāsanaṁ. | Keine harte Sprache, kein Verletzten, Schlechtes abweisen[322], moderat beim Mahl sein, in abgelegener Stätte hausen, die Meditation[323] und das Loslassen üben, das ist Buddhas Lehre. |

| | | |
|---|---|---|
| 186 | na kahāpanavessa titti kāmesu vijjati appassādā dukkhā kāmā iti viññāya pandito. | Nicht einmal ein Geldregen kann die (Sinnen)gier[324] befriedigen. Der Weise, der die Sinnengier verstanden hat erkennt die Sinnlichkeit als leidhaft[325] und wenig Freude schaffend. |
| 187 | api dibbesu kāmesu ratiṁ so nâdhigacchati tanhakkayarato hoti sammāsambuddhasāvako. | Auch nicht nach himmlischen Sinnesfreuden[326] fühlt er sich hingezogen, der Giervernichtung ergeben beglückt ihn nur die Gemeinschaft[327] des vollkommen Erwachten. |
| 188 | bahuṁ ve saranaṁ yanti pabbatāni vanāni ca ārāma-rukkhacetyāni manussā bhayatajjitā. | Vieles nehmen die Menschen zur Zuflucht, wenn sie von Furcht getrieben werden, Berge, Wälder, Haine, Bäume und Schreine[328]. |
| 189 | n' etam kho saranaṁ khemaṁ n'etaṁ saranaṁ uttamaṁ n'etaṁ saranaṁ āgamma sabbadukkhā pamuccati. | Diese Zuflucht ist nicht sicher, das ist nicht die höchste Zuflucht[329]. Wenn man zu einer solchen Zuflucht[330] gelangt ist, so wird man nicht von allem Leid befreit. |
| 190 | yo ca buddhaŋ ca dhammaŋ ca sanghaŋ ca saranaṁ gato cattāri ariyasaccāni sammappaññaya passati: | Jener Mensch, der zu Buddha, Dhamma und Gemeinschaft Zuflucht gefunden hat erkennt das wahre Wissen, die vier edlen Warheiten: |
| 191 | dukkhaṁ dukkhasamuppādaṁ dukkhassa ca atikkamaṁ ariyaŋ c' attangikam maggaṁ dukkhu upasamagā minaṁ. | Leid, die Quelle des Leidens und das Ende des Leids, der edle 8-teilige Pfad, der zur Besänftigung des Leides führt. |
| 192 | etaṁ kho saranaṁ khemaṁ; etaṁ saranaṁ uttamaṁ etaṁ saranam āgamma sa sabbadukkhā pamuccati. | Da ist tatsächliche eine sichere Zuflucht, die höchste Zuflucht. Wer eine solche Zuflucht hat wird alles Leid loslassen[331]. |
| 193 | dullabho purisâjañño na so sabbattha jāyati yattha so jāyati dhiro, taṁ sukhaṁ edhati. | Schwer ist ein edler Mensch zu finden, nicht überall wird er geboren; doch wo (in welcher Familie) er geboren wird dort wächst das Glück an[332]. |

| | | |
|---|---|---|
| **194** | sukho buddhānaṁ uppādo sukhā saddhammadesanā sukhā sanghassa sāmaggī samaggānam tapo sukho. | Ein Glück ist Buddhas Erscheinen (in der Welt), ein Glück die Lehrdarlegung, ein Glück ist seine harmonische Gemeinschaft und der eigene Eifer der religiösen Übung[333]. |
| **195** | pujârahe pūjayato buddhe yadi va savake papañcasamatikkante tinnasokapariddave, | Wer den verehrt, dem die Ehre gebührt, den Buddha und seine Schüler, welche die spirituellen Hindernisse überwunden haben, der Sorge und Pein überwunden hat, |
| **196** | te tādise pūjayato nibbute akutobhaye na sakkā puññaṁ sankhātuṁ im ettam api kena ci. | jene, die solchen Befreiten und Friedlichen Ehre[334] erweisen, in denen kann keiner das (damit erlangte) Verdienst je errechnen[335]. |

36

# Sukhavaggo (Abschnitt über das Glück)

| | | |
|---|---|---|
| 197 | susukhaṁ[336] vata jīvāma verinesu averino verinesu manussesu viharāma averino. | Sehr glücklich üben wir uns nicht hassend unter Hassenden zu Leben. Unter hassenden Menschen haben wir eine hassfrfeie Zuflucht[337]. |
| 198 | susukhaṁ vata jīvāma āturesu anāturā ātiuresu manussesu viharāma anāturā. | Sehr glücklich üben wir uns gesund[338] unter Kranken, unter kranken Menschen haben wir eine gesunde Zuflucht. |
| 199 | susukhaṁ vata jīvāma ussuke-su anussukā ussukesu manus-sesu viharāma anussukā. | Sehr glücklich üben wir uns, aktiv unter Inaktiven. Unter laxen Menschen haben wir eine aktive[339] Zuflucht. |
| 200 | susukhaṁ vata jīvāma yesan no n´atthi kiñcanaṁ pītib-hakkhā bhavissāma devā ābhassarā yathā. | Glücklich üben wir uns, als Jene die an Nichts mehr anhaften, von der Freude lebend[340] werden wir Engeln und strahlenden Himmelswesen gleich. |
| 201 | jayaṁ veraṁ pasavati, dukk-haṁ seti parajito upasanto sukhaṁ seti hitvā jaya parā-jayaṁ. | Der Sieger generiert weitere Feindseligkeit, der Besiegte kostet Leid, der Gestillte kostet tiefes Glück, dem Siegen und Besiegen fern[341]. |
| 202 | n´atthi rāgasamo aggi n´atthi dosasamo kali n´atthi kandhā-disā dukkhā n´atthi santiparam sukhaṁ. | Kein Feuer brennt wie die Gier, kein Übel wie der Hass, kein Leid gleicht den Daseinsgruppen[342], kein höheres Glück gibt es als das Auskühlen der Extreme[343]. |
| 203 | jighacchā paramā rogā sankhārā paramā dukkhā etaṁ ñatvā yatthā bhūtaṁ nibbanaṁ paramaṁ sukhaṁ. | Hunger[344] ist die schlimmste Krankheit, die Prozesse[345] sind ärgestes Leid. Die Existenz, die dieses Faktum erkannt hat kühlt aus und erlebt so das höchste Glück. |
| 204 | ārogyaparamā lābhā santutthi paramaṁ dhanaṁ vissāsapa-ramā ñatī, nibbānaṁ paramaṁ sukhaṁ. | Gesundheit ist Reichtum, Zufriedenheit ist der Wert der Vollkommenheit, das vollkommene Vertrauen in die Menschen ist der Freund, Erleuchtung ist höchstes Glück[346]. |
| 205 | pavivekarasaṁ pitvā, rasaṁ upasamassa ca niddaro hoti nippāto dhammapītirasaṁ pi-vaṁ. | Wer den Geschmack von Rückzug und Stille gekostete hat wird frei von Leid und Sünde[347], er genießt die Freude am Dhamma. |

| | | |
|---|---|---|
| **206** | sādhu dassanaṁ ariyānaṁ sannivāso sadā sukho adassanena bālānaṁ niccam eva sukhī siyā. | Gut ist die geistige Schau[348], mit dieser zu Leben bringt immer Glück. Wenn man Toren nicht trifft so ist man andauernd glücklich[349]. |
| **207** | bāla sangatacāri hi dīgham addhāna socati dukkho bālehi saṁvāso amitten eva sabbadā dhīro ca sukhasaṁvāso ñātīnaṁ va samāgamo. | Wer mit Toren wandelt wird es sicher lange betrauern, mit Toren zu leben bringt Leid, so als ob man beim Feinde sei. Mit Weisen leben ist angenehm wie die Gesellschaft der Verwandten[350]. |
| **208** | dhiraṁ ca paññaṁ ca bahussutaṁ ca dhorayhasīlaṁ vatavantam ariyaṁ taṁ tādisaṁ sappurisaṁ sumedhaṁ bhajetha nakkhattapathaṁ va candimā. | Wer stark, weise und belehrt ist, einsichtsreich, geübt in religiösen Bräuchen und sich mit edlen Menschen verbindet. Ein solcher guter Mensch folgt dem Guten so wie der Mond dem Sternenbild[351]. |

# Piyavaggo (Abschnitt über Liebes)

| | | |
|---|---|---|
| **209** | ayoge yuñjam attānam yogasmiñ ca ayojayam attham hitvā piyaggāhī pihet attânuyoginam. | Wer dem, was man nicht machen sollte seine Achtsamkeit zuwendet, das zu machende unterläßt und am Lieben anhaftet beneidet[352] jenen, der die Reinigung des eigenen Geistes betreibt. |
| **210** | mā piyehi samāgañchi, appiyedhi kudācanam piyān adassanam dukkham, appiyānañ ca dassanam. | An die lieben Menschen binde dich nicht[353], an die Unliebsamen schon gar nicht. Die Lieben nicht anzutreffen ist Leid ebenso wie die Ungeliebten zu treffen. |
| **211** | tasmā piyan na kayirātha piyâpāyo hi pāpako ganthā tesam na vijjanti yesam n`atthi piyâppmam. | Also fasse keine Liebe, denn Liebe lassen[354] (zu müssen) ist unangenehm. Für Jene, welche weder an Lieben noch Unlieben hängen gibt es keine Fessel mehr[355]. |
| **212** | piyato jāyatī soko, piyato jāyatī bhayam piyato vippamuttassa n`atthi soko kuto bhayam. | Aus der Ergebenheit wird Sorge geboren, Ergebenheit[356] bringt Furcht. Für den von der Liebe erlösten gibt es weder Sorge noch Furcht[357]. |
| **213** | pemato jāyati soko, pemato jāyatī bhayam pemato vippamuttassa niatthi, soko kuto bhayam. | Aus Liebe[358] wird Sorge geboren, Liebe bringt Furcht. Für den von der Liebe erlösten gibt es weder Sorge noch Furcht. |
| **214** | ratiyā jāyatī soko ratijā jāyatī bhayam ratiyā vippamuttassa n`atthi soko, kuto bhayam. | Aus der Lust[359] wird Sorge geboren, Lust bringt Furcht. Für den von Lust erlösten gibt es weder Sorge noch Furcht. |
| **215** | kāmato jāyatī, soko kāmato jāyati bhayam kāmato vippamuttassa n`atthi soko, kuto bhayam. | Aus Sinnengier wird Sorge geboren, Sinnlichkeit bringt Furcht. Für den von Sinnengier Befreiten gibt es weder Sorge noch Furcht. |
| **216** | tanhāya jāyatī soko, tanhāya jāyatī bhayam tanhāya vippamuttassa n´atthi soko, bhayam. | Aus Durst[360] wird Sorge geboren, Durst bringt Furcht. Für den vom Durst erlösten gibt es weder Sorge noch Gefahr. |

| | | |
|---|---|---|
| 217 | siladassananasampannaṁ dhammatthaṁ saccavādinaṁ attano kamma kubbānam, taṁ jano kurute piyan. | Wer mit Ethik und Weisheit ausgestattet ist, in der Lehre gut verwurzelt ist , die eigene Aufgabe[361] erfüllt, den haben die Wesen gerne[362]. |
| 218 | chandajāto anakkhāte manasā ca phuto siyā kāmesu ca appatibaddhacitto uddhaṁsoto ti vuccati. | Wer das Unbeschreibbare[363] wünscht, wer ohne ein gebundenes Bewußtsein[364] ist, wer nicht an Sinnesfreuden hängt, der wird stromentgegengehend genannt. |
| 219 | cirappavāsiṁ purisaṁ dūrato sotthiṁ āgataṁ ṇātimittā suhajjā ca abhinandanti āgataṁ. | Alle freuen sich, Verwandte, Freunde wenn der Mensch der lange in der Ferne war sicher zurückkehrt.[365] |
| 220 | tath eva katapuññam pi asmā lokā paraṁ gataṁ puññam patiganhanti piyaṁ ṇati va āgataṁ. | Jener, der Gutes getan hat, wenn er auch in die nächste Welt geht wird er von seinen guten Werken[366] wie von Verwandten empfangen. |

# Kodhavaggo (Abschnitt über Ärger)

| | | |
|---|---|---|
| 221 | kodhaṁ jahe vippajaheyya mānaṁ saṁyojanaṁ sabbam atikkameyya taṁ nāmarūpasmiṁ asjjamānaṁ akiṁcanaṁ nânupatanti dukkhā. | Lass den Zorn hinter dir, gib den Dünkel auf, streif alle Daseinsfesseln ab. Wer nicht mehr an Name und Form[367] haftet, wer keine Unreinheit besitzt, dem folgt kein Leid mehr[368] nach. |
| 222 | yo ve uppatitaṁ kodhaṁ rathaṁ bhantaṁ va dhāraye tam ahaṁ sārathiṁ brūmi rasmiggāho taro jano. | Wer seinen aufgestiegenen Zorn wie einen unkontrollierbar rollenden Wagen anhält, der möge Wagenlenker genannt werden, die anderen Wesen halten bloß den Zaum.[369] |
| 223 | akodhena jine kodhaṁ asudhuṁ sadhunā jine, jine kadariyaṁ dānena saccen´âlika vādinam. | Durch Nicht-Zorn wird der Zorn besiegt, durch Güte die Nichtgüte, durch ein Geschenk der Geiz und durch die zeitlose Warheit die Lüge[370]. |
| 224 | saccaṁ bhane na kujjheyya dajjā appam pi yācito etehi tīhi tānehi gacche devāna santike. | Sprich die Warheit, sei nicht ärgerlich, gib wenn darum gebeten (wenn auch wenig). Auf diese drei Dinge gestützt näherst du dich den himmlischen Welten[371]. |
| 225 | ahiṁsakā ye munayo, niccaṁ kāyena saṁvuā te yanti accutaṁ thānaṁ yattha gantvā na socare. | Jene, die Gewaltlosigkeit gelernt haben, die Weisen die Ihr Verhalten schützen, die gehen an den ewigen Ort[372] wo man keinen Kummer kennt. |
| 226 | sadā jāgaramānānaṁ ahorattaanusikkhinaṁ nibbanaṁ adhimuttānam atthaṁ gaccanti āsava. | Jene, die immer einen wachsamen Geist haben, die Tag und Nacht dazu lernen, die neigen sich zum Nirwana, ihre Triebe[373] werden verschwinden. |
| 227 | porānam etam atula! N´etaṁ ajjatanām iva nindanti tunhim āsīnaṁ nindati babubhāninaṁ mitabhandinam pi nindanti n`atthi loke anindito. | Atula[374], alt schon ist diese Beschuldigung, nicht nur in der Gegenwart ist es so. Man tadelt den schweigsam Sitzenden, man tadelt den Gesprächigen, selbst der gemessene Sprechende wird getadelt, es gibt keinen Ort ohne Tadel[375]. |
| 228 | na câhu, na la hessati na c`etarahi vijjati ekantaṁ nindito poso ekantaṁ vā pasaṁsito. | Nicht gab es, gibt es und wird es auch nicht geben, daß ein Mensch immer nur getadelt oder nur gelobt[376] wird. |

| | | |
|---|---|---|
| 229 | yañ ce viññū pasaṁsanti anu-vicca suve suve acchiddavuttiṁ medhāviṁ paññā sīla samahi-taṁ, | Den Fortgeschritt in Weisheit preise. Jenen, der Tag für Tag gefestigt geis-tig nachvollzieht, der lückenlosen Wandels ist, in Weisheit und Ethik ge-festigt, |
| 230 | nekkhaṁ jambonadasseva ko taṁ ninditum arahati deva pi naṁ pasaṁsanti, brahmunā pi pasaṁsito. | der wie ein goldener Ring[377] ist. Wer wagt es ihn zu beschuldigen? Engel selbst preisen Ihn, auch Brahma preist ihn. |
| 231 | kāyappakopaṁ rakheyya, kāye-na saṁvuto siyā kāyaduccari-taṁ hitvā, kāyena sucaritaṁ ca-re. | Schütze dich vor schlechtem Wandel, sei im Körper beherrscht. Wenn du ungünstigen körperlichen Wandel ge-lassen hast setzt du richtiges körperli-ches Verhalten in Gang. |
| 232 | vacīpokopaṁ rakheyya, vācāya saṁvuto siyā vacīduccaritaṁ hitvā, vācāya sucaritaṁ care. | Schütze dich vor verurteilenswerter Sprache, sei in der Sprache beherrscht. Wenn du ungünstigen sprachlichen Wandel gelassen hast übst du korrek-tes sprachliches Verhalten. |
| 233 | manopakopaṁ rakheyya, ma-nasā saṁvuto siyā manoducca-ritaṁ hitvā, manasā sucaritaṁ care. | Schütze den Geist[378] vor unheilsamen Gedanken, sei im Geist beherrscht. Wenn du ungünstige Geistesaktivitä-ten gelassen hast übst du richtige geis-tige Aktivität. |
| 234 | kāyena saṁvutā dhīrā atho vācāya saṁvutā manasā saṁ-vutā dhīrā te ve suparisaṁvuta. | Die Weisen, die in Körper, Sprache und Geist gezügelt sind sind sicher gut und ganz geschützt[379]. |

# Malavaggo (Abschnitt über die Befleckung)

| | | |
|---|---|---|
| 235 | pandupalāso va dāni si yama-purisā pi ca taṁ upatthitā uyyogamukhe ca titthasi pātheyyam pi ca te na vijjati. | Einem bereits welken Blatt[380] gleichst du jetzt, die Todesboten warten schon. Du stehst an der Furt (des Abschieds), Vorräte (für die Reise) hast du aber nicht dabei. |
| 236 | so karoti dīpam attano, khip-paṁ vāyama pandito bhava niddhantamalo anagano dib-bam ariyabūhim ehisi. | Sei dir selbst eine Insel[381]. Streng dich rasch an, werde[382] ein Weiser, denn nur rein und fleckenlos erreichst du das himmlische Reich der Edlen[383]. |
| 237 | upanītavayo ca dāni si; sam-payāto si yamassa santike vāso pi ca te n`atthi antarā, pātheyyam pi ca ten na vijjati. | Die Lebenszeit ist jetzt aufgebraucht, du bist bereits in der Nähe des Todes[384]. Auf dem Weg findest du keine Rast, auch Vorräte hast du nicht dabei. |
| 238 | so karoti dīpam attano, khip-paṁ vāyama pandito bhava niddhantamalo anangano, na puna jāti-jaraṁ upehisi. | Sei dir selbst eine Insel! Streng dich dringend an, werde ein Weiser; frei von Unreinheit[385] bist du nicht mehr Alter und Geburt unterworfen. |
| 239 | anupubbena medhāvī tho-kathokam khane khane kammāro rajatass eva nidd-hame malaṁ attano. | Nach und Nach[386], Moment für Moment[387], Stück für Stück befreit der Weise das eigene Selbst von Flecken, so wie der Schmied das Silber glänzend poliert[388]. |
| 240 | ayasā va malaṁ samutthitam tadutthāya tam eva khādati evaṁ atidhonacārinaṁ saka-kammāni nayanti duggatim. | So wie der Rost das Eisen frißt, aus dem er entstand führt die eigene ungünstige Tat[389] zum Leiden. |
| 241 | asajjhāyamalā mantā anutthānamalā gharā malaṁ vannassa kosajjam pamādo rakkhato malaṁ. | Nichtüben ist der Makel heiliger Texte, Inaktivität ist der Makel des Heims, Trägheit der Makel der sozialen Positi-on und Schläfrigkeit ist des Hauswäch-ters Makel[390]. |
| 242 | malaṁ itthiyā duccaritam maccheraṁ dadato malaṁ malā ve pāpakā dhammā as-miṁ loke paramhi ca. | Schlechter Wandel[391] ist der Makel der (Ehe)frau, Geiz ist der Makel des Ge-benden, schlechte Dinge sind in dieser und in der nächsten Welt ein Makel. |
| 243 | tato malā malataraṁ avijjā pa-ramaṁ malaṁ etaṁ malam pahatvāna nimmalā hotha bikkhavo. | Einen noch größeren Makel als diese gibt es - die Verblendung ist der höchste Makel. So – Mönch überwinde diesen Makel und lebe fleckenlos.[392]. |

| | | |
|---|---|---|
| 244 | sujīvaṁ ahirikena kākasūrena, dhaṁsinā pakkhandinā pagabbhena sankilitthena jivitaṁ. | Der Schamlose lebt einfach[393] und mit anderen Schamlosen wagt er sich durch das sündige Leben. |
| 245 | hirīmatā ca dujjīvaṁ niccaṁ sucigavesinā alīnen appagabbhena suddhâjīvena passatā. | Schwer lebt der Schamhafte der ewig nach Reinheit strebt, der losgelöst und bescheiden ist, rein lebt und klar erkennt[394]. |
| 246 | yo pānam atipāteti musāvādaṁ ca bhāsati loke adinnaṁ ādiyati, paradāraṁ ca gacchati, | Wer Lebendes zerstört, Lüge spricht, nicht Gegebenes nimmt und zu Frauen Anderer geht, |
| 247 | surāmereyapānaṁ ca yo naro anuyuñjati idh eva-m-eso lokasmiṁ mulaṁ khanati, attano. | wer sich dem Genuß von Likör und Schnaps hingibt gräbt sich schon in dieser Welt selbst seine Wurzel[395] aus. |
| 248 | evam bho purisa! Jānāhi pāpadhammā asaṁyatā mā taṁ lobho adhammo ca ciraṁ dukkhāya randhayuṁ. | So lieber Freund! Wisse – den üblen Dingen ist schwer zu widerstehen. Lasse dich nicht von Gier und der falsche Lehre lange ins Leid zwingen. |
| 249 | dadāti ve yathāsaddhaṁ, yathāpasādanaṁ jano tattha yo manku bhavati padesaṁ pānabhojane na so divā vā rattiṁ vā samādhiṁ adhigacchati. | Es wird von den Wesen aus Vertrauen in die Lehre und aus Zufriedenheit gegeben[396]. Wer verstimmt ist über das, was Andere essen und trinken wird weder bei Tag noch bei Nacht je die Sammlung[397] erlangen. |
| 250 | yassa c`etaṁ samucchinnaṁ mūlaghaccaṁ samūhataṁ sa ve divā vā rattiṁ vā samādhiṁ adhigacchati. | Wer diese Quellen der Aggreagtion (Anhaftung) an der Wurzel zerstört hat wird bei Tag und Nacht Sammlung erlangen[398]. |
| 251 | n`atthi rāgasamo aggi n`atthi dosasamo gaho n`atthi mohasamaṁ jālam n`atthi tanhāsamā nadī. | Kein Feuer brennt wie die Gier[399], kein Griff greift fester als der Hass[400], kein Netz fesselt so wie die Verblendung, kein Fluß[401] gleicht dem Begehrensstrom. |

| | | |
|---|---|---|
| **252** | sudassaṁ vajjam aññesaṁ, attano pana duddasaṁ paresaṁ hi so vajjāni opunāti yathābhusaṁ attano pana chādeti kaliṁ va kitvā satho. | Die Fehler Anderer sieht man gut, die eigenen Fehler aber erkennt man nicht. Die Fehler Anderer deckt man auf, so wie man Spreu[402] auftrennt. Die eigenen Fehler aber verdeckt man wie der schummelnde Spieler den schlechten Wurf. |
| **253** | paravajjânupassissa niccaṁ ujjhānasaññino āsavā tassa vaddhanti, ārā so āsavakkhayā. | Wer dauernd die Fehler Anderer sucht und gereizt[403] ist, bei dem wachsen die Triebe nur an, der Triebversiegung ist er fern. |
| **254** | ākāse padaṁ n´atthi samano n´atthi bāhire papañcâbhiratā pajā nippapañcā tathāgatā. | Im Raum gibt es keine Spuren[404], es gibt keinen echten Asketen außerhalb der Lehre. Die Menschen erfreuen sich an der Besessenheit, So-Gegangene sind frei von Besessenheit. |
| **255** | ākāse padaṁ n`atthi samano n`atthi bāhire sankhārā sassatā atthi n`atthi buddhanam iñjitaṁ. | Im Raum gibt es keine Spuren, es gibt keinen echten Asketen außerhalb der Lehre, es gibt keine ewigen Prozesse[405] (bedingte Dinge), da gibt es keine Instabilität beim Buddha. |

# Dhammatthavaggo (Abschnitt über das Gesetz[406])

**256**
na tena hoti dhammattho yen attham sahasānaye yo ca attham anatthañ ca ubho niccheyya pandito,

Nicht ist einer in der Lehre fundamentiert, der sie mit Willkür auslegt. Der Weise prüft unparteiisch[407] beides, das Rechte und das Falsche,

**257**
asāhasena dhammena samena nayatī pare dhammassa gutto, medhāvī dhammatthoti pavuccati.

ohne Willkür und das Gesetz gut kennend. Wer sich so an das Gesetz hält gilt als gesetzesfest.

**258**
na tena pandito hoti yāvatā bahu bhāsati khemī averī, abhayo pandito ti pavuccati.

Man gilt nicht als Weiser, weil man viel zu sprechen weiß, nur wer friedvoll, hassfrei und frei von Furcht ist wird als Weiser[408] bezeichnet.

**259**
na tāvatā dhammadharo yāvatā bahu bhasati yo ca appam pi sutvāna dhammam kāyena passati sa ve dhammadharo hoti yo dhammam na pamajjam.

Nicht gilt man als Kenner der Lehre weil man viel zu sprechen weiß[409]. Wer sich sogar bei wenig Kenntnis dem Gesetz nähert und vom selbst enthüllten Gesetz nicht mehr abläßt, der ist wahrlich ein Kenner des Gesetzes[410].

**260**
na tena thero so hoti yen assa phalitam siro paripakko vayo tassa moghajinno ti vuccati.

Altehrwürdig wird man nicht, da man schon graues Haar hat. Auch wenn das Leben schon gereift ist kann es ungenutzt verstrichen sein[411].

**261**
yamhi saccañ ca, dhammo ca, ahimsa samyano damo save vantamalo dhīro thero ti pavuccati.

Wer Warheit, Gesetz[412] und Gewaltlosigkeit folgt, ein Solcher, der sich selbst mäßigt und fleckenlos ist wird altehrwürdig[413] genannt.

**262**
na vākkaranamattena vannapokkharatayā vā sādhurūpo naro hoti issukī macchar ī satho.

Nicht allein wegen guter Worte, wegen Schönheit und Glanz oder einer anmutiger Gestalt nennt man einen Menschen edel[414] wenn er (noch) Neid, Geiz und Hinterlist besitzt.

**263**
yassa c´etam samucchinnam mūlaghaccam samūhatam sa vantadoso medhāvī sādhurūpo ti vuccati.

Wer all das zerstört, restlos entwurzelt und gerodet hat, ein solch haßgeklärter Weiser wird zu Recht edel genannt.

| | | |
|---|---|---|
| 264 | na mundakena samano abbato alikaṁ bhanaṁ icchālobhasamāpanno samano kiṁ bhavissati? | Nicht durch die Tonsur[415] wird man Mönch, wie könnte man ein Mönch sein wenn man unmoralisch handelt, lügt und noch von Hass und Gier erfüllt ist? |
| 265 | yo ca sameti pāpāni anuṁ thūlāni sabbaso samitattā hi pāpānaṁ samano ti pavuccati. | Wer die üblen Dinge, ob klein oder groß besänftigt hat, der wird wegen der Entfernung des Üblen ein (wahrer) Mönch genannt. |
| 266 | na tena bikkhu so hoti yāvatā bhikkhate pare vissaṁ dhammaṁ samādāya bikkhu hoti na tāvatā. | Nicht wird man Mönch, indem man bei Anderen betteln geht. Wer nicht aufrichtig gegenüber dem Gesetz ist, gilt nicht als Mönch. |
| 267 | yo dha puññaṁ ca pāpaṁ ca bhāvetā brahmanacariyavā sankhāya loke carati, sa ve bikkhūti vuccati. | Wer aber Gut und Böse[416] aufgegeben hat und ein edles Leben führend in dieser Welt lebt und sie versteht, der wird ein Mönch genannt. |
| 268 | na monena munī hoti mūlarūpo aviddasu yo ca tulaṁ va paggahya varam ādāya pandito. | Durch Schweigen[417] wird der ignorante Tor nicht zum stillen Denker[418]. Wer sich anstrengt, die Balance zu finden, das Beste mitnimmt gilt als Weiser. |
| 269 | pāpāni parivajjeti sa munī, tena so muni yo munāti ubho loke, munī tena pavuccati. | Wer vor Üblem flüchtet, gilt deshalb als stiller Denker. Wer über beide Welten[419] Wissen erlangt wird stiller Denker genannt. |
| 270 | na tena ariyo hoti yena pānāni hiṁsati ahiṁsā sabbapānānaṁ ariyo ti pavuccati. | Nicht gilt man als Edler wenn man (noch) Wesen verletzt. Durch Gewaltlosigkeit[420] wird man ein Edler genannt. |
| 271 | na silabbatamattena, bāhusaccena vā puna athavā samādhilābhena, vivicca-sayanena vā. | Nicht auschließlich durch Regeln und Rituale, durch viel profundes Wissen, durch die erhaltene Sammlung, durch getrennte Schlafstatt[421] erlangt man |
| 272 | phusāmi nekkhammasukhaṁ aputhujjanasevitaṁ bikkhu vissāsamâpādi, appatto āsavakkhayam. | das Glück der Entsagung, die nie ein Niederer[422] erlebt hat. Mönch – sei nicht selbstgewiß bevor die Triebe versiegt sind. |

# Maggavaggo (Abschnitt über den Pfad)

**273** maggān attangiko settho saccā-nam caturo padā virāgo settho dhammānaṁ dipadānaṅ ca cakk-humā.

Der achtgliedrige Pfad[423] ist der Beste, vier Warheiten wurden ge-sprochen[424], Loslösung[425] ist die beste Lehre, die besten Menschen[426] sind jene mit Einsicht.

**274** eso va maggo n`atth aññño dassa-nassa visuddhiyā ethamhi tumhe patipajjatha; mārass'etaṁ pamo-canaṁ.

Das ist der eine[427] Weg. Kein ande-rer Ansatz führt zur reinigenden Einsicht[428]. Indem du diesem Pfad folgst täuscht du Mara.

**275** etamhi tumhe patipannā dukk-hass'antaṁ kari satha akkhāto ve mayā maggo aññāya sallasantha-naṁ.

Wenn du diesen Pfad betreten hast wirst du dem Leid ein Ende machen. Als ich erkannte, wie ich das Leid[429] entferne, habe ich diesen Pfad ge-lehrt.

**276** tumehi kiccaṁ ātappaṁ, akkhātā-ro tathāgatā patipannā pamokk-hanti jhāyino marā bandhanā.

Du mußt Energie einzusetzen, die Tathagatas[430] sind nur Lehrer[431]. Wer sich so übt wird von Maras Fesseln losgelöst[432].

**277** sabbe sankhārā aniccā ti yadā paññāya passati atha nibbindatī dukkha-esa maggo visuddhiyā.

*"Alle Prozesse[433] sind unbeständig"* wenn man das vollständig erkennt dann wird man des Leids[434] über-drüssig. Genau das ist der Weg zur Reinheit.

**278** sabbe sankārā dukkhā ti yadā paññāya passati, atha nibbindatī dukkhe-esa maggo visuddhiyā.

„Alle Prozesse sind leidhaft" wenn man das vollständig erkennt, dann wird man des Leides überdrüssig. Genau das ist der Weg zur Reinheit.

**279** sabbe dhammā anattā ti yadā paññāya passati atha nibbindatī dukkhe-esa maggo visuddhiyā.

„Alle Prozesse sind ohne Kern[435]" wenn man das vollständig erkennt, dann wird man des Leids überdrüs-sig. Genau das ist der Weg zur Reinheit.

**280** utthānakālamhi anutthahāno yuvā balī ālasiyaṁ upeto saṁsannasan-kappamano kusito paññāya mag-gaṁ alaso na vindati.

Wer dann träge ist, wann geübt werden soll, als junger, kräftiger Mensch die Nachlässigkeit erreicht, inaktiv ist und depressive Gedan-ken[436] hat, ein solcher (Mensch) wird den Weisheitspfad nicht voll-kommen verstehen.

| | | |
|---|---|---|
| **281** | vāca anurakkhī manasā susaṁvu-to kāyena ca akusalaṁ na kayirā ete tayo kammapathe visodhaye ārādhaye maggaṁ isippaveditaṁ. | Bewacht in Worten, mit behüteten Gedanken, verübe man (mit dem Körper) keine unheilsame Tat. Also läutere man die 3 Mittel der Aktion[437] und beginne damit entschlossen den von Heiligen dargelegten Reinigungsweg zu gehen. |
| **282** | yogā ve jāyatī būrī ayogā bhūri-saṁkhayo etaṁ dvedhāpataṁ ñatvā bhavāya vibhavāya ca tath attānaṁ nivesayya yathā bhūri pavaddhati. | Durch Übung wächst die Weisheit an, ohne Übung schwindet sie. Wer diesen Doppelweg[438] zu Wachstum und Vernichtung erkannt hat, der festige das eigene Selbst damit die Weisheit anwächst. |
| **283** | vanaṁ chindatha, mā rukkhaṁ, vanato jayathī bhayaṁ chetvā va-nañ ca vanathañ ca, nibbanā hothā bikkhavo. | Schneide den Forst um, nicht nur den einzelnen Baum, denn im Forst lauert die Gefahr. Schneidet den Forst[439] mitsamt dem Unterwuchs um, erlöscht Ihr Mönche[440]. |
| **284** | yāvaṁ hi vanantho na chijjati anumatto pi narassa nārisu pati-baddhamano va tāva so, vaccho khīrapāno va mātari. | Solange der kleinste Unterwuchs[441] zwischen den Menschen nicht um-gehauen ist so lange ist der Geist gebunden gleich wie das Milch-kalb[442] von der Mutter abhängig ist. |
| **285** | ucchinda sineham attano kumu-daṁ sāradikaṁ va pāninā santi-maggam eva brūhaya nibbānaṁ sugatena desitaṁ. | Vernichte das Haften, so wie man im Herbst[443] den Lotus ausreißt, entwickle den Weg zum Frieden bis zum Nirvana, so hat es der Buddha gelehrt. |
| **286** | idha vassaṁ vasissāmi, idha he-mantagimhisu iti bālo vicinteti, antarāyaṁ na bujjhati. | Hier lebe ich in der Regenzeit, hier im Winter, da im Sommer. So denkt nämlich der Tor, nicht wissend was kommt und glaubt die Zukuft zu kennen[444]. |
| **287** | taṁ puttapasusammattaṁ vyāsat-tamanasaṁ naraṁ suttaṁ gāma-naṁ mahogo va maccu ādāya gacchati. | Jemand der sich an Kindern und Vieh erfreut, geistig am Angeneh-men anhaftet, den reißt der Tod fort wie ein großes Hochwasser ein schlafendes[445] Dorf. |

| | | |
|---|---|---|
| 288 | na santi puttā tānāya, na pitā n´api bhandavā antakenaadhipannassa n´atthi ñātīsu tānatā. | Nicht Söhne, auch nicht Eltern oder vielleicht Verwandte können dem vom Tod ergriffenen[446] helfen[447], es gibt auch bei Verwandten keinen Schutz. |
| 289 | etam atthavasaṁ ñatvā padito sīlasaṁvuto nibbānagamanaṁ maggaṁ khippam eva visodhaye. | Wenn man genau diese Ursache erkannt hat, weise und sittlich beherrscht, bahne man sich rasch einen Weg zum Nirwana[448]. |

50

# Pakinnavaggo (vermischter Abschnitt)

|     |     |     |
| --- | --- | --- |
| 290 | mattā sukhapariccāgā passe ce vipulaṁ sukhaṁ caje mattāsukham dhīro sampassaṁ vipulam sukham. | Der Weise, der erkennt, daß man beim Verzicht auf ein kleines Glücks ein gro-ßes Glück[449] erlangen kann, lasse das kleine Glück los[450], wenn er dieses große Glück betrachtet . |
| 291 | paradukkhûpadhānena attano sukham icchati verasaṁsagga-saṁsattho verā so na pamuccati. | Wer in Streben nach dem eigenen Glück bei anderen (Wesen) Leid[451] schafft ver-strickt sich in Hass und wird selbst nie vom Hass frei (werden). |
| 292 | yaṁ hi kiccaṁ apaviddhaṁ akic-caṁ pana kayirati unalānaṁ pa-mattānaṁ, tesaṁ vaddhanti āsavā. | Das was zu tun ist meiden, das zu Unter-lassende tun, in einem solch gedankenlo-sen Menschen wachsen sicher alle Trie-be[452] an. |
| 293 | yesāṁ ca susamāraddhā niccaṁ kāyagatā sati akiccaṁ te na se-vanti kicce sātaccakārino. | Jene die beständig üben, dauernd Acht-samkeit auf den Körper haben, die das zu unterlassende nicht tun, das zu machende üben, die Achtsamkeit und Klarbewußt-sein haben, die entfernen sich selbst von den Trieben[453]. |
| 294 | mātaraṁ pitaraṁ hantvā, rājāno dve ca khattiye ratthaṁ sânuca-raṁ hantvā anīgho yāti brāhma-no. | Hat Vater, Mutter und zwei adelige Kö-nige, ein ganzes Land mit seinen Be-wohnern getötet, zieht leidlos hin der Heilige[454]. |
| 295 | mātaraṁ pitaraṁ hantvā, rājāno dve ca sotthiye veyyagghapañ-camaṁ hantvā anīgho yāti brāhmano. | Hat Vater, Mutter und zwei Priesterkö-nige er erschlagen, den Tiger als fünfa-ches Hemmnis zieht leidlos hin der Brahmane.[455] |
| 296 | suppabuddham pabujjhanti sadā gotamasāvakā yesaṁ divā ca rat-to ca niccaṁ buddhagatā sati. | Die Hörer Gotamas, welche Tag und Nacht achtsam bezüglich des Buddha sind, sind wohl erwachend[456]. |
| 297 | suppabuddham pabujjhanti sadā gotamasāvakā yesaṁ divā ca rat-to ca niccaṁ dhamma gatā sati. | Die Hörer Gotamas, welche Tag und Nacht achtsam bezüglich des Dhamma (Gesetzes) sind, sind wohl erwachend. |
| 298 | suppabuddham pabujjhanti sadā gotamasāvakā yesaṁ divā ca rat-to ca niccaṁ sanghagata sati. | Die Hörer Gotamas, welche Tag und Nacht achtsam bezüglich der Gemein-schaft sind, sind wohl erwachend. |

| | | |
|---|---|---|
| 299 | suppabuddham pabujjhanti sadā gotamasvākā yesaṁ divā ca ratto ca niccaṁ kāyagatā sati. | Voll erwacht wachen immer die Hörer Gotamas, welche immer Tag und Nacht bezüglich des Körpers[457] achtsam sind. |
| 300 | suppabuddham pabujjhanti sadā gotamasavākā yesaṁ divā ca ratta ca ahiṁsāya rato mano. | Voll erwacht wachen immer die Hörer Gotamas, deren Geist sich Tag und Nacht an der Gewaltlosigkeit[458] erfreut. |
| 301 | suppabuddham pabujjhant sadā gotamasāvakā yesaṁ divā ca ratto ca bhāvanāya rato mano. | Voll erwacht wachen immer die Hörer Gotamas, deren Geist sich Tag und Nacht an der Geistesentfaltung[459] erfreut. |
| 302 | duppabbajjaṁ dhurabhiramaṁ durāvāsā gharādurā dukkho samānasaṁvāso, dukkhânupati addhagū tasmā na c'addhagu siyā, na ca dukkhânupatto siyā. | Schwer ist es, ein Hausloser zu werden, schwer sich daran zu erfreuen, schwer es zu bleiben[460]. Leid ist es mit Gleichen[461] zu leben, Leid verfolgt den Lebensweg, darum mach dem wandern ein Ende, werde nicht mehr vom Leid verfolgt. |
| 303 | saddho, sīlena sampanno, yasobhogasamappito yaṁ yam padesaṁ bhajati, tattha tatth'eva pūjito. | Wer weltliches und überweltliches Vertrauen, Ethik und Rechtschaffenheit entwickelt erlangt Ruhm und Reichtum, er wird egal wohin er geht hoch respektiert[462]. |
| 304 | dūre santo pakāsenti, himavanto va pabbato asant'ettha na dissanti, ratti-khitta yathā sarā. | Gestillte sind aus der Ferne gut sichtbar, so wie ein schneebedeckter Berg[463], den Ungestillten sieht man nicht, so wie einen Pfeil[464] der in die Nacht abgeschossen wurde. |
| 305 | ekāsanaṁ ekaseyyam eko caraṁ atandito eko damayam attānaṁ vanante ramito siyā. | Allein sitzen, allein schlafen wollen, einsam unermüdlich wandern, allein sich selbst bezähmen solch ein Meditierender ist gut geeignet für die Übung am Waldrand[465]. |

# Nirayavaggo (Abschnitt über den abwärts führenden Weg)

| | | |
|---|---|---|
| 306 | abūtavadī nirayaṁ upeti yo cāpi katvā na karomi c'āha ubho pi te pecca samā bhavanti nihīna-kammā manujā parattha. | Wer lügt betritt den Weg abwärts[466], wer Getanes leugnet ebenso, diese beiden Menschen von niederer Tat trifft nach dem Tod das gleiche Los[467]. |
| 307 | kāsāvakanthā bahavo pāpad-hammā asaññatā pāpā pāpehi kammehi nirayaṁ te upajjare. | Es gibt viele, welche die orange Ro-be[468] tragen und ungezügelt (nach dem Dhammawissen) sind. Diese Übeltäter werden aufgrund ihrer schlechten Ta-ten in der Hölle wiedergeboren[469]. |
| 308 | seyyo ayogulo bhutto tatto aggi-sikhûpamo yañ ce bhuñjeyya dussīlo ratthapindaṁ asaññato. | Für einen unmoralischen Menschen ist es besser, eine glühend heiße Eisen-kugel zu schlucken als ungezügelt die Almosen[470] zu sich zu nehmen. |
| 309 | cattāri thānāni naro pamatto āpajjatī paradārûpasevi apuñña-lābhaṁ na nikāmaseyyaṁ nin-daṁ tatiyaṁ nirayaṁ catutthaṁ. | Vier Dinge treffen den nachlässigen Mann der mit fremden Frauen ver-kehrt: Anhäufung von Schuld[471], ein unangenehmes Lager[472], Tadel[473] als drittes und Niedergang als viertes. |
| 310 | apuññalābho ca gatī ca pāpikā, bhītassa bhītāya rati ca thokitā rājā ca dandaṁ garukaṁ paneti, tasmā naro paramāraṁ na seve. | Oder: Eine Anhäufung der Sünde und schlechte Wiedergeburt. Der Zusam-menhalt des Paares[474] ist nur gering. Der Fürst legt schwere Strafen auf, darum sollte der Mann nicht fremdge-hen. |
| 311 | kuso yathā duggahīto hattham evânukantati sāmaññaṁ dup-parāmatthaṁ nirayāy upakadd-hati. | So wie Kusagras, falsch[475] angefaßt, die Hand schneidet, so zieht das reli-giöse Leben falsch begriffen zum ab-wärtigen Weg nieder. |
| 312 | yaṁ kiñci sithilaṁ kammaṁ sankilitthañ ca yaṁ vataṁ san-kassaraṁ brahmacariyaṁ, na taṁ hoti mahapphalaṁ. | Die nachlässige Tat, ein unreines reli-giöses Leben, ein zweifelhafter brah-manischer Wandel, das wird dir keine hohen Früchte bringen. |
| 313 | kayirā ce kayirath enaṁ dalhaṁ enaṁ parakkame sithilo hi pa-ribbajo bhiyyo ākirate rajaṁ. | Das was man tut soll man gründlich machen, führe es entschlossen aus, denn ein lax[476] geübtes Mönchsleben verstreut mehr Staub[477]. |

| | | |
|---|---|---|
| 314 | akataṁ dukkataṁ seyyo, pacchā tapati dukkataṁ kataŋ ca sukataṁ seyyo, yaṁ katvā nânutappati. | Leidbringende Taten sollten ungetan bleiben, man wird nach einer solchen Tat von sich Selbst[478] gepeinigt. Es ist besser das Gute zu tun, das wird man nie bereuen. |
| 315 | nagaraṁ yathā paccantaṁ guttaṁ santarabāhiraṁ evaṁ gopetha attānaṁ, khano ve mā upaccagā khanâtītā hi socanti nirayamhi samappitā. | So wie eine feste Grenzstadt, innen und außen[479] bewacht wird, so hütet euer Selbst. Laßt euch keinen Moment entgehen, wer den richtigen Moment[480] verpaßt der klagt später über den abwärtigen Weg. |
| 316 | alajjitāye lajjanti, lajjitāye na lajjare micchādiṭṭhi, samādānā, sattā gacchanti duggatiṁ. | Wer schamlos ist wo man sich schämen sollte und nicht beschämt ist, wo Scham angesagt ist; Wesen die mit solch verdrehten Ansichten handeln gehen auf die unangenehmen Konsequenzen[481] zu. |
| 317 | abhaye ca bhayadassino, bhaye câbhayadassino micchādiṭṭhi samādānā, sattā gacchanti duggatim. | Wer bei Sicherheit die Gefahr sieht und bei Gefahr die Sicherheit. Wesen, die mit solch verdrehter Ansicht handeln gehen den unangenehmen Konsequenzen entgegen[482]. |
| 318 | avajje vajjamatino, vajje câvajjadassino micchādiṭṭhisamādānā, sattā gacchanti duggatiṁ. | Das was gut ist für Schlechtes haltend und das Schlechte für gut - Wesen die mit solch verdrehter Ansicht handeln gehen auf die unangenehmen Konsequenzen zu. |
| 319 | vajjaŋ ca vajjato ŋatvā, avajjaŋ ca avajjato sammādiṭṭhisamādānā, sattā gacchanti suggatiṁ. | Wer Gutes als gut, Schlechtes als schlecht erkennt, Wesen die mit solch richtiger Ansicht handeln gehen auf das Glück zu. |

# Nāgavaggo (Abschnitt über Nagas[483])

**320**
aham nāgo va sangāme cāpāto patitam saram ativākyam titikkhissam dussīlo hi bahujjano.

So wie der Elefant, der in der Schlacht die vom Bogen abgeschossenen Pfeile erträgt, so halte ich die Beleidigungen[484] aus. Viele Menschen sind von schlechter Moral.

**321**
dantam nayanti samitim dantam rāja abirūhati danto settho manussesu, yo tivākyam titikkhati.

Den bezähmten (Elefanten) führt man zur Versammlung, den bezähmten[485] (Elefanten) besteigt der Fürst. Der gezähmte Mensch, der Leid geduldig erträgt ist der Beste.

**322**
varam assatarā dantā, ājānīyā ca sindhavā kuñjarā ca mahānāgā, attadanto tato varam.

Das gezähmte Maultier ist wertvoll, auch das durchgezüchtete Sindhu Roß, auch der große Elefant ist wertvoll. Am besten aber ist es sich selbst zu bezähmen[486].

**323**
na hi etehi yānahi gaccheyya agatam disam yathā ttanā sudantenā, danto dantena gacchati.

Nicht auf solchen Fahrzeugen[487] wird man das unbetretene Reich erlangen. Nur wenn man sich selbst dauernd überwindet schlägt man den Weg dorthin ein.

**324**
dhanapālako nāma kuñjaro katukappabhedano dunnivārayo baddho kabalam na bhuñjati sumarati nāga vanassa kuñjaro.

Er wurde Schatzelefant genannt, schwer zurück zu halten in seiner Rage, gefesselt nahm er keine Nahrung mehr auf, dachte bloß an sein (vorheriges) Leben im Wald[488].

**325**
piddhī yadā hoti mahagghaso ca niddāyitā samparivattasāyī mahāvarāho va nivāpaputtho punappunam gabbham upeti mando.

Wenn man zu viel ißt, müde ist und sich im Schlaf umherwälzt, so ist man wie ein fettes, gut gefüttertes Mastschwein[489] und tritt immer wieder in den Mutterleib ein.

**326**
idam pure cittam acāri cāritam yenicchakkam yatthakāmam yathāsukham tadajj aham niggahessāmi yoniso hattippabhinnam viya akusaggaho.

An vielen Orten, wohin es das Karma lenkt, wandelt das Bewußtsein sei es Gier, sei es Glück, doch jetzt möchte ich es ursächlich überwinden so wie der Elefantentreiber einen brünftigen Elefanten bezähmt[490].

| | | |
|---|---|---|
| 327 | appamādaratā hotha sancittaṁ anurakkhata duggā uddharath attānaṁ panke satto va kuñjaro. | Der Wachheit gebt euch freudig hin, schützt und behütet das eigene Bewußtsein, zieht euch aus der schlechten Umgebung, so wie sich ein versunkener Elefant aus dem Schlamm zieht[491]. |
| 328 | sace labhetha nipakaṁ sahāyaṁ saddhiñcaraṁ sādhuvihāridhīraṁ abhibbuyya sabbāni parissayāni careyya ten attamano satīmā. | Wenn du einen selbstbeherrschten Gefährten findest, einen Gefährten der weise und edel lebt, so sollst du freudig sein und achtsam mit ihm wandeln und gemeinsam jede Gefahr überwinden. |
| 329 | no ce labhetha nipakaṁ sahāyaṁ saddhiñcaraṁ sādhuvihāridhīraṁ rājā va rattham vijitaṁ pahāya eko care, mātaṅg araññe ve nāgo. | Wenn du keinen selbstbeherrschten Gefährten findest, einen Gefährten, weise und edel lebend, sei wie ein Fürst der das besiegte Land[492] hinter sich läßt. Wandle einsam für den Tag wie ein Elefant im Dschungel. |
| 330 | ekassa caritaṁ seyyo n´atthi bāle sahāyatā eko care na ca pāpāni kayirā appossukko mātang araññe va nāgo. | Es ist besser alleinzu wandeln, es gibt keine Gemeinsamkeit mit Toren. Man lebe allein und tu keine böse Tat, wünsche wenig, so wie der Elefant[493] im Wald. |
| 331 | atthami jātammhi sukhā sahāyā tutthī sukhā yā itari itarena puññaṁ sukhaṁ jīvitasankhayamhi sabbassa dukkhassa sukhaṁ pahānaṁ. | Wenn sich der Bedarf[494] einstellt sind Freunde ein Glück. Ein Glück ist die Zufriedenheit bei Allem[495] was man hat. Verdienste sind ein Glück wenn das Lebensende kommt, ein Glück ist die komplette Leidensüberwindung. |
| 332 | sukhā mattheyyatā loke, atho petteyyatā sukhā sukhā sāmannatā loke, atho brahmaññatā sukhā. | Ein Glück[496] ist die Mutterschaft in dieser Welt, auch Vaterschaft ist ein Glück, ein Glück ist die Asketenschaft, ein Glück die Brahmanenschaft. |
| 333 | sukhaṁ yāvajarā sīlaṁ, sukhā saddhā patitthitā sukho paññāya patilābho, pāpān akaranaṁ sukhaṁ. | Ein Glück[497] ist die Ethik bis ins hohe Alter, ein Glück gefestigtes Vertrauen. Ein Gewinn an Wissen ist Glück, auch die Vermeidung (von Bösem) ist Glück. |

# Tanhāvaggo (Abschnitt über den Durst)

**334**
manujassa pamattacārino tanhā vaddhati māluvā viya so plavati hurâhuraṁ phalam iccham va vanamhi vānaro.

Beim Menschen, der genußsüchtig[498] wandelt, wächst der Durst wie eine Schlingpflanze[499]. So bewegt sich[500] Jener von Dasein zu Dasein, so wie der fruchtbegierige[501] Affe im Wald.

**335**
yaṁ esā sahati jammī tanhā loke visattikā sokā tassa pavaddhanti abhivattaṁ va bīranaṁ.

Wer dem niederen Durst nicht widersteht, an der Welt dürstet, in dem wächst die Sorge hoch, so wie feuchtes Gras[502].

**336**
yo c´etam sahatī jammiṁ tanhaṁ loke duraccayaṁ sokā tamhā papatani udabindū va pokkharā.

Wer den Durst besiegt, der so schwer zu bezwingen ist in der Welt, von dem fällt die Sorge ab, so wie der Wassertropfen vom Lotusblatt[503].

**337**
taṁ vo vadāmi bhaddaṁ vo yāvant ettha samāgatā tanhāya mūlam khanatha usīrattho va bīranaṁ mā vo nalaṁ vo soto vo māro bhañji punappunaṁ.

Zu eurem Heil sag ich es, die Ihr hier versammelt seid: Grabt die Wurzel[504] der Gier aus, so wie die des Grases die man begehrt. Laßt euch nicht von Mara wieder und wieder brechen so wie der Strom das Röhricht knickt[505].

**338**
yathāpi mule annupaddave dalke chinno pi rukkho punar eva rūhati evam pi tanhânusaye anūhate nibbattatī dukkham idaṁ punnappunaṁ.

Wenn die starke Wurzel noch intakt ist wächst auch der niedergeschnittene Baum wieder aus[506]. Genauso steigt das Leiden wieder auf, solange der Giertrieb nicht dauernd ausgelöscht ist.

**339**
yassa chattiṁsatī sotā manāpassavanā bhusā vahā vahanti dudditthiṁ sankappā rāganissita.

In wem die 36 starken Ströme[507] zu den angenehmen Dingen fließen[508], der wird von seinen gierbehafteten Gedanken zu falscher Ansicht getrieben.

**340**
savanti sabbadhi sotā latā ubbhijja titthati taṅ ca disvā lataṁ jātaṁ mūlaṁ paññāya chindata.

Diese Ströme fließen überall hin. Die Liane hat sich emporgerankt und steht fest. Wenn du diese Liane erkannt hast schneide die Wurzel mit deiner Weisheit ab.

**341**
saritāni sinehitāni ca somanassāni bhavanti jantuno te sātasitā sukhesino, te ve jātijaru upagā narā.

Die Menschen erfahren freudige Gefühle, die aus den Sinnen kommen und voller Gier sind. Diese Menschen, welche an Lust und dem Wunsch nach Freude anhaften werden[509] Geburt und Alter durchlaufen.

**342**
tasināya purakkhatā pajā parisappanti saso va bādhito

Das Menschengeschlecht, vor dem Durst nur schwer zu schützen, umher-

samyojanasanga sattakā dukkham upenti punappunam cirāya.

**343** tasināya purakkhatā pajā parisappanti saso va bādhito tasmā tasinam vinodaye bikkhu ākankhi virāgam attano.

**344** yo nibbananto vanâdhimutto vanamutto vanam eva dhāvati tam puggalam eva passatha mutto bhandanam eva dhāvati.

**345** na tam dalham bandhanam āhu dhīrā yad āyasam dārujam babbajañ ca, sāeattarattā manikundalesu puttesu dāresu ca yā apekhā,

**346** etam dalham bandhanam āhu dhīrā ohārinam sithilam duppamuñcam etam pi chetvāna paribbajanti anapakhkhino kāmasukham pahāya.

**347** ye rāgarattânupatani sotam sayankatam makkatako va jālam etam pi chetvāna vajanti dhīra anapekkhino sabbadukkam pahāya.

**348** muñca pure, muñca pacchato, majjhe muñca bhavassa pāragū sabbattha vimuttamānaso na puna jātijaram upehisi.

kriechend wie der Hase in der Falle[510], durch die 10 Fesseln festgehalten, verfällt sie immer wieder dem langem Leiden. Das Menschengeschlecht, vor dem Durst nur schwer zu schützen, kriecht umher wie der Hase in der Falle. Deshalb, Mönch, verscheuche den Durst[511] wenn du die Leidfreiheit wünscht.

Denke[512] an jemanden der die Gier losgelassen hat[513], dem hauslosen Leben zugeneigt ist, dem Dasein als Mönch folgt. Dann befreit von diesem Leben eilt er zurück zum weltlichen Leben. Nachdem er freigelassen wurde eilt er zur Fessel zurück[514].

Nicht gilt den Weisen die als kräftige Fessel, die aus Eisen, Holz oder Gras besteht[515]. Der gierentbrannte Wunsch nach Edelsteinen, Geschmeide, Kindern und auch Frauen, gilt dem Weisen als feste Fessel die niederzerrt, geschmeidig[516] und schwer lösbar ist. Der Wanderasket, der sie durchschnitten hat, der alle Sinnengier abgelegt hat zieht leidlos dahin.

Die Gierentbrannten stürzen sich in den Strom[517], wie die Spinne in das selbstgemachte Netz[518] fällt. Die Weisen ziehen ungebunden durch die Welt, alle Wünsche überwunden habend.

Laß die Vergangenheit los, laß die Zukunft los, lass die Gegenwart los[519]. Wenn du mit erlöstem Geist das andere Ufer erreicht hast, so bist du nicht mehr Alter und Geburt unterworfen.

| | | |
|---|---|---|
| **349** | vitakkapamahitassa jantuno tibbarāgassa subhânupassin biyyo tanhā pavaddhati, esa kho dalham karoti bandhanam. | In Menschen die von konfusen[520] Gedanken gequält sind, die giererfüllt das Schöne sehen. In denen wächst der Durst an und wird zu einer starken Fessel. |
| **350** | vitakkûpasame ca yo rato asubham bhāvayatī sadā sato esa kho vyantikāhiti, esacchecchati marabhandanam. | Wer sich an der Beruhigung der Gedanken freut, Unschönes meditativ betrachtet und immer achtsam ist, genau dieser wird Maras Fessel los werden und zerstört sie. |
| **351** | nitthangato asantāsī vītatanho anangano acchiddi bhavasallāni antimo yam samussayo. | Jemand, der die Perfektion erreicht, angstfrei, ohne Durst, fleckenlos und rein, der hat die Pfeile der Existenz[521] abgeschnitten. Für so einen (Menschen) ist es das letzte Leben. |
| **352** | vītatanho anādāno niruttipadakovido akkharānam sannipātam jaññā pubbāparāni ca, sa ve antimasārīro mahapañño (mahapuriso) ti vuccati. | Wer frei von Gier und Anhaften ist, mit Wort und Sprache der Lehre gewandt ist sollte den richtigen Zusammenhang der Dinge[522] kennen. Dann wird er als großer Weiser anerkannt, als jemand der sein letztes Leben lebt. |
| **353** | sabbâbhidhū sabbavidū ham asmi, sabbesu dammesu anūpalitto sabbañjaho tanhakkhaye vimutto, sayam abhiññāya kam uddiseyyam? | Ich habe alles[523] überwunden und weiß alles[524], keine Dinge beflecken mich mehr, habe durch die Zerstörung des Durstes alles losgelassen, habe alles selbst erkannt. Wen sollte ich da (noch) Lehrer nennen?[525] |
| **354** | sabbadānam dhammadānam jināti sabbam rasam dhammaraso jināti sabbam ratim dhammaratī jināti tanhakkhayo sabbadukkham jināti. | Alle Gaben übertrifft die Warheitsgabe, alle Genüsse der Genuss der Warheit, alle Freuden übertrifft die Freude an der Warheit[526], die Arahantschaft übertrifft alles Leid.

Alle Gaben übertrifft die Gabe der (buddhistische) Lehre, alle Genüsse der Genuss der (buddhistischen) Lehre, alle Freuden die Freude der (buddhistischen) Lehre. Die Zerstörung des Durstes übertrifft alles Leid. |

| | | |
|---|---|---|
| **355** | hananti bhogā dummedhaṁ no ve pāragavesino bhoga-tanhāya dummedho hanta aññe va attanaṁ. | Reichtum schädigt den Toren, aber nicht Jenen der das andere Ufer sucht[527]. Mit dem Durst nach weltlichen Dingen schädigt der Tor sowohl sich selbst als auch Fremde.[528] |
| **356** | tinadosāni khettāni, rāgadosā ayam pajā; tasmā hi vītarāge-su dinnaṁ hoti mahapphalaṁ | Das Unkraut[529] schädigt das Feld, die Menschen werden durch Gier geschädigt. Daher hat das, was man dem Gier-losen gibt hohe Frucht. |
| **357** | tinadosāni khettāni dosadosā ayam pajā; tasmā hi vītadose-su dinnaṁ hoti mahapphalaṁ. | Das Unkraut schädigt das Feld, die Menschen werden durch Hass geschädigt. Daher hat das, was man dem Hass-losen gibt hohe Frucht. |
| **358** | tinadosāni khettāni mohadosā ayam pajā; tasmā hi vītamo-hesu dinnaṁ hoti mahappha-laṁ. | Das Unkraut schädigt das Feld, die Menschen werden durch die Verblen-dung geschädigt. Daher hat das, was man dem Unverblendeten gibt hohe Frucht. |
| **359** | tinadosāni khettāni icchādosā ayam pajā; tasmā hi vigatic-chesu dinnaṁ hoti mahappha-laṁ. | Das Unkraut schädigt das Feld, die Menschen werden durch (ihre) Wünsche geschädigt. Daher hat das, was man dem Wunschlosen gibt hohe Frucht. |

# Bikkhuvaggo (Abschnitt über Mönche)

**360**
cakkhunā saṁvaro sādhu, sādhu sotena saṁvaro ghānena saṁvaro sādhu, sādhu jivhāya saṁvaro.

Das Auge zu beherrschen ist gut, sein Gehör zu beherrschen ist gut, die Nase[530] zu beherrschen ist gut, die Zunge zu beherrschen ist gut.

**361**
kāyena saṁvaro sādhu, sādhu vācāya saṁvaro manasā saṁvaro sādhu, sādhu sabbattha saṁvaro sabbattha saṁvuto bikkhu sabbadukkhā pamuccati.

Den Körper zu beherrschen ist gut, gut ist es auch sich in Worten zu beherrschen, die Gedanken zu schützen ist gut, gut ist es sich überall zu behüten. Der Mönch der sich überall beherrscht[531] lässt alles Leid los.

**362**
hatthasaṁyato pādasaṁyato, vācāya saṁyato saṁyatuttamo ajjhattarato samāhito, eko santusito: tam āhu bikkhuṁ.

Wer seine Hände beherrscht, seinen Fuß, seine abweisende Rede, wer seine Gedanken völlig kontrolliert – der so Freudige[532] wird als wahrer Mönch bezeichnet.

**363**
yo mukhasaṁyato bikkhu mantabhānī anuddhato attaṁ dhammañ ca dīpeti madhuraṁ tassa bhāsitaṁ.

Der Mönch, der seinen Mund zügelt, weise, ruhig und ausgeglichen spricht, sich an der Warheit freut und sie beleuchtet, der wird ein guter Sprecher[533] genannt.

**364**
dhammârāmo, dhammarato, dhammaṁ anuvicintayaṁ dhammaṁ anussaraṁ, bikkhu saddhammā na parihāyati.

Der Mönch, der in den Texten versiert ist, sich an der Warheit freut und sie nachvollzieht, sich immer der Warheit erinnert wird nie von der Lehre abfallen[534].

**365**
salābhaṁ nâtimaññeyya, naññesam pihayañ care. aññesaṁ pihayaṁ bikkhu samādhim nâdhigacchati.

Man sollte nicht den eigenen spirituellen Fortschritt unterschätzen, werde nicht neidig[535]. Wer (als Mönch) andere beneidet[536] wird keine Sammlung erzielen.

**366**
appalābho pi ce bikkhu salābhaṁ nâtimaññati tam ve devā pasaṁsanti suddhâjīvam atanditaṁ.

Wenn ein Mönch auch wenig bekommt, doch das Wenige schätzt, so wird er von Engeln, für ein unermüdlich pures Leben gepriesen.

**367**
sabbaso nāmarūpasmiṁ yassa n´atthi mamāyitaṁ asatā sa na socati, sav e bikkhûti vuccati.

Wer weder mit dem Körper noch im Geist an irgendetwas anhaftet, wer nicht Gier nach nichtexistenten[537] Dingen betrauert, der wird ein Mönch genannt.

| | | |
|---|---|---|
| **368** | mettāviharī yo bikkhu, pasanno buddhasāsane adhigacche padaṁ santaṁ sankhārûpasamaṁ sukha. | Der Mönch der stets in allumfassender Güte[538] weilt, klar vertrauend in Buddhas Lehre, der geht zum Ort der Ruhe[539] aller bedingten Dinge, das ist (alles) Glück[540]. |
| **369** | siñca bikkhu imaṁ nāvaṁ sittā te lahum essati chetvā rāgañ ca dosañ ca tato nibbānam ehisi. | Mönch – schöpfe das Boot[541] aus, so wird es leichter zu fahren. Sind Gier und Hass zerstört erreichst du das Nirwana. |
| **370** | pañca chinde, pañca jahe, pañca c´uttari bhāvaye pañca sangātigo bikkhu oghatinno ti vuccati. | Fünf[542] scheide durch, fünf[543] lass fahren, fünf[544] entfalte. Der Mönch der fünf[545] trifft, von dem sagt man, er habe die Flut durchkreuzt. |
| **371** | jhāya bikkhu, mā ca pamādo mā te kāmagune bhanassu cittaṁ mā lohagulam gilī pamatto. mā kandi dukkham idan ti dayhamāno. | Meditiere Mönch und sei nicht lax, lass dein Bewußtsein nicht in Sinnlichkeit kreisen[546], schlucke nicht nachlässig den glühenden Eisenball. Klage sodann beim Leid nicht über die Qual. |
| | n´atthi jhānaṁ apaññassa paññā n´atthi ajjhāyato yamhi jhānañ ca paññā ca, sav e nibbānasantike. | Ohne Weisheit gibt es keine Vertiefung und keine Weisheit ohne Meditation[547]. Wer Vertiefung und Weisheit besitzt ist dem Nirvana nahe[548]. |
| **372** | | **Alternativ:** Es gibt keine Vertiefung für den Unwissenden. Es gibt keine Weisheit ohne ohne Meditation. Wer Vertiefung und Weisheit hat ist wahrlich dem Nirwana nahe. |
| **373** | suññâgāraṁ pavitthassa santacittassa bikkhuno amānusi ratī hoti sammā dhammaṁ vipassato. | Der Mönch, der in den leeren Raum[549] eingetreten ist, dessen Geist beruhigt ist, der das wahre Dhamma mit Einsicht erkennt erfährt eine übermenschliche Freude. |
| **374** | yato yato sammasati khandhānam udayabbayaṁ labhatī pītipāmojjaṁ amataṁ taṁ vijānataṁ. | Wenn man richtig achtsam auf das Entstehen und Vergehen[550] der Gruppen[551] ist erlangt man Verzückung und innere Freude. Jene, die das verstehen nennen es das das todlose Reich[552]. |

| | | |
|---|---|---|
| 375 | tatrâyam ādi bhavati idha paññassa bikkhuno indriyagutto santutthi pātimokkhe ca samvaro mitte bhajassu kalyāne, suddhâjīve atandite, | Das ist die Basisübung für einen Mönch: schütze die Sinne, sei zufrieden und weise Schlechtes ab, suche edle Freunde, lebe unermüdlich in Läuterung, |
| 376 | patisanthāravuty assa ācārakusalo siyā tato pāmojjabahulo dukhass antam karissati. | verbinde dich mit Freunden die in Reinheit leben, sei hilfsbereit, übe selbst in guter Praxis. Danach, voll innere Freude[553], beendest du das Leid. |
| 377 | vassikā viya pupphāni maddhavāni pamuñcati evam rāgañ ca dosañ ca vippamuñcetha bikkhavo. | So wie der Jasmin die fauligen Blüten abwirft[554], so Ihr Mönche soll man sich selbst von Gier und Hass befreien. |
| 378 | santakāyo santavāco santavā susamāhito vantalokâmiso bikkhu upasanto ti vuccati. | Der Mönch, der im Körper ruhig ist, bei der Sprache beherrscht und beruhigt ist, und alle weltliche Bindung[555] aufgegeben hat wird beruhigt[556] genannt. |
| 379 | attanā coday attānam patimāse attam attanā so attagutto satimā sukham bikkhu vihāhisi. | Du selbst ermahnst und beschützt dich[557]. Der Mönch, der achtsam und selbstkontrolliert ist wird glücklich leben. |
| 380 | attā hi attano nātho, attā hi attano gati tasmā samyamay attānam, assam bhadram va vānijo. | Das Selbst[558] ist unser Herr, das Selbst ist der eigene Weg[559]. Darum zügle das Selbst[560], so wie der Händler ein gutes Pferd. |
| 381 | pāmojjabahulo bikkhu pasanno buddhasāsane adhigacche padam santam sankhārûpasamam sukham. | Der Mönch der voll Freude und Vertrauen[561] in Buddhas Lehre ist wird den ruhigen Status des Nirvana finden, alle bedingten Dinge beruhigen. |
| 382 | yo have daharo bikkhu yuñjati buddhasāsane so mam lokam pabhāseti abbhā mutto va candimā. | Wer sich schon als junger Mönch achtsam Buddhas Lehre zuwendet, der strahlt auf diese Welt wie der von Wolken freie Mond[562]. |

# Brāhmanavaggo (Abschnitt über Brahmanen[563])

| | | |
|---|---|---|
| 383 | chinda sotaṁ, parakkamma, kāme panuda brāhmana sankhārānaṁ khayaṁ ñatvā akataññûsi brāhmana. | Durchschneide den Strom, entferne die Lust Brahmane. Wenn du den Verfall des Bedingten[564] kennst, dann kennst du Nirvana, Brahmane. |
| 384 | yadā dvayesu dhammesu pāragū hoti brāhmano ath assa sabbe saṁyoga atthaṁ gacchanti jānato. | Sobald du zweierlei Warheit[565] erreicht hast bist du am anderen Ufer angelangt – Brahmane, dann läßt du alle Bindungen[566] los. |
| 385 | yassa pāraṁ apāraṁ vā pārâpāraṁ vijjati vītaddaram visaṁyuttaṁ, tam ahaṁ brūmi brahmanaṁ. | Wem diese Seite und die andere Seite[567] geschwunden sind, furchtlos und losgelöst ist, den nenne ich Brahmane. |
| 386 | jhāyiṁ virajam āsīnaṁ katakiccaṁ anāsavaṁ uttamattham anuppattaṁ, tam ahaṁ brūmi brahmanaṁ | Wer da vertieft sitzt, fleckenlos und getan hat was zu machen ist, das Höchste erreicht hat, den nenne ich Brahmane. |
| 387 | divā tapati ādicco rattiṁ ābhāti candimā sannaddho khattiyo tapati, jhāyī tapati brahmano atha sabbam ahorattaṁ buddho tapati tejasā. | Bei Tag brennt die Sonne, bei Nacht scheint der Mond, bewaffnet[568] strahlt der Adelige, der Brahmane strahlt wenn er meditiert. Doch Tag und Nacht strahlt der Buddha[569]. |
| 388 | bāhitapāpo ti brāhmano samacariyā samano ti vuccati pabbājayam attano malaṁ, tasmā pabbajito ti vuccati. | Wer sich vom Bösen abgewandt hat wird Brahmane genannt, Samana nennnt man den gestillt lebenden, Mönch nennt man den, der dem eigenen Schmutz entsagt hat[570]. |
| 389 | na brāhmanassa pahareyya nâssa muñcetha brāhmano dhī brāhmanassa hantāram, tato dhī yassa muñcati. | Man soll keinen Brahmanen schlagen. Aber ein Brahmane sollte auch nicht ärgerlich auf jenen sein, der ihn schlägt. Schande über jemanden der einen Brahmanen schlägt, noch mehr Schande über jenen der deswegen ägerlich ist[571]! |
| 390 | ma brāhmanass etad akiñci seyyo yadā nisedho manaso piyehi yato yato himsamano nivattati tato tato sammati-m-eva dukkhaṁ. | Für einen Brahmanen gibt es nicht Besseres als den Geist von Gewalttätigkeit zurückzuhalten. Wenn man sich vom Wunsch zu verletzen[572] abwendet, so besänftigt man das Leid. |

| | | |
|---|---|---|
| 391 | yassa kāyena vācāya manasā n´atthi dukkataṁ saṁvutaṁ tīhi thānehi, tam ahaṁ brūmi brahmanaṁ. | Wer in Körper, Sprache und Geist[573] kein Leid erzeugt, in diesen drei Dingen beherrscht ist, den nenne ich einen Brahmanen. |
| 392 | yamhā dhammaṁ vijāneyya sammāsambuddhasitaṁ sakkaccaṁ tan namesseyya, aggihuttaṁ va brāhmano. | Jener der dich das Unterscheiden (und so die Warheit) lehrte, die Buddhalehre, den sollst du respektvoll verehren, so wie der Brahmane das Feueropfer[574]. |
| 393 | na jatāhi, na gottena, na jaccāhoti brahmano yamhi saccañ ca dhammo ca, so sukhī, so ca brāhmano. | Nicht machen Flechten, nicht deine Herkunft, nicht die Geburt dich zum Brahmanen. In wem Gesetz und Warheit leben[575], der gilt als Brahmane. |
| 394 | kiṁ te jatāhi dummedha! kiṁ te ajinasātiyā! abhantaran te gahanaṁ, bāhiraṁ parimajjasi! | Was nutzen dir Tor die Flechten, was das Anthilopenfell. In deinem Inneren wuchert ein Gestrüpp aber du pflegst[576] nur dein Äußeres! |
| 395 | paṁsukūladheraṁjantuṁ, kisaṁ dhamanisanthataṁ ekaṁ vanasmiṁ jhāyantaṁ tam ahaṁ brūmi, brahmanā. | Jemand der Fetzenkleidung trägt, abgemagert[577] und adernbedeckt einsam vertieft im Wald weilt, den nenne ich einen Brahmanen. |
| 396 | na câhaṁ brāhmanam brūmi, yonijaṁ mattishambavaṁ bhovādī nāma so hoti, sa ce hoti sakiñcano akiñcanaṁ anādānaṁ, tam aham brūmi brahmanaṁ. | Brahmane nenne ich nicht jemanden, der es durch Geburt wurde. Kamerad[578] sagt er (zum Buddha) auch wenn er wohlhabend ist, wer nichts besitzt, wer an nichts haftet den nenne ich Brahmane. |
| 397 | sabbasaṁyojanaṁ chetvā yo ve na paritassati sangātigaṁ visaṁyuttaṁ, tam aham brūmi brahmanaṁ. | Wer alle Fesseln abschneidet und nicht mehr erzittert[579], frei von Haften und Fesseln ist, den nenne ich Brahmane. |
| 398 | chetvā nandiṁ verattañ ca, sandāmaṁ sahanukicamaṁ ukkhittapalighaṁ buddhaṁ, tam aham brūmi brahmanaṁ. | Wer die Lust abgeschnitten hat, die Fesseln zertrennt hat, der die Hindernisse überwunden hat und erwacht ist, den nenne ich einen Brahmanen. |
| 399 | akkodantaṁ vadhabandhañ ca aduttho yo titikkhati khantibalaṁ balānikaṁ tam aham brūmi brahmanaṁ. | Wer Schmähung, Schläge und Leid aushält, den Geduldigen und Starken, den nenne ich einen Brahmanen. |

| | | |
|---|---|---|
| 400 | akkosantaṁ vatavantaṁ sīlavantam anussutaṁ dantaṁ antimasārītaṁ tam ahaṁ brūmi brāhamanṁ. | Wer ohne Zorn, der Übung treu voll Sittlichkeit, bezähmt den letzten Körper[580] trägt, den nenne ich einen Brahmanen. |
| 401 | vāri pokkharapatte va āragge-r-iva sāsapo yo na lippati kāmesu, tam ahaṁ brūmi brāmanaṁ. | Wie Wasser an dem Lotusblatt, Senfkorn auf der Pfeilspitze, wen Sinnlichkeit nicht mehr befleckt den nenne ich einen Brahmanen[581]. |
| 402 | yo dukkhassa pajānāti idh eva khayam attano pannabhāraṁ visaṁyuttaṁ, tam ahaṁ brūmi brāhmanaṁ. | Wer schon selbst das Leid und den Verfall erkennt, ohne Bürde und losgelöst ist, den nenne ich einen Brahmanen. |
| 403 | gambhīrapaññaṁ medhāviṁ, maggâmaggassa kovidaṁ uttamattham anuppattaṁ, tam ahaṁ brūmi brahmanaṁ. | Wer tief weise, intelligent und über den Weg und Abweg wissend ist, die höchste Gefahrlosigkeit errungen hat, den nenne ich einen Brahmanen. |
| 404 | asaṁsatthaṁ gahatthahi anāgārehi cûbhayaṁ anokasariṁ appicchaṁ, tam ahaṁ btūmi brahmanaṁ. | Wer nicht mit beiden verkehrt[582], weder Hausleuten noch Mönchen und hauslos in Bedürfnislosigkeit lebt, den nenne ich einen Brahmanen. |
| 405 | nidhāya dandaṁ bhūtesu tasesu thavaresu ca, yo na hanti na ghāyeti tam ahaṁ brūmi brahmanaṁ. | Wer die Gewalt gegen die Wesen beigelegt hat, stark in der Gewaltlosigkeit ist, weder schlägt noch schlagen läßt den nenne ich einen Brahmanen. |
| 406 | aviruddhaṁ viruddhesu attandesu nibbutam sâdānesu anādanaṁ tam ahaṁ brūmi brahmanaṁ. | Wer streitlos ist bei Streitenden, friedvoll bei Bewaffneten, den von Haften freien bei Haftenden, den[583] nenne ich einen Brahmanen. |
| 407 | yassa rāgo ca doso ca māno makkho ca pātito sāsapor-i-iva āraggā, tam ahaṁ brūmi brahmanaṁ. | Wer Gier, Hass, Stolz und Machtgier abgeworfen hat wie das Senfkorn von der Speerspitze[584], den nenne ich einen Brahmanen. |
| 408 | akakkasaṁ viññāpāniṁ giraṁ saccaṁ udīraye yāya nâbhisaje kañci, tam ahaṁ brūmi brahmanaṁ. | Wer ohne Härte informiert, die Warheit ohne Belehrung spricht und durch diese Niemanden verletzt[585], den nenne ich einen Brahmanen. |
| 409 | yo idha dīghaṁ va rassaṁ vā anuṁ thūlaṁ subhâsubhaṁ loke adinnaṁ nâsiyati, tam ahaṁ brūmi brahmanaṁ. | Wer etwas, ob lang oder kurz, groß oder klein, angenehm oder unangenehm, kein Nichtgegebenes nimmt, den nenne ich einen Brahmanen. |

| | | |
|---|---|---|
| 410 | āsā yassa na vijjanti asmiṁ loke paramhi ca nirasayaṁ visaṁyuttaṁ, tam ahaṁ brūmi brahmanaṁ. | Wer keine Wünsche mehr hegt, in der Welt ist, vom Verlangen getrennt, den nenne ich einen Brahmanen. |
| 411 | yass âlayā na vijjanti aññāya akathaṁkathī amatogadhaṁ anuppattaṁ, tam ahaṁ brūmi brahmanaṁ. | Wo kein Haften mehr zu finden ist, frei von Schwanken, in das ewigtodlose eingetaucht, den nenne ich einen Brahmanen. |
| 412 | yo idha puññañ ca papañ ca ubho sangaṁ upaccagā asokaṁ virajaṁ suddhaṁ, tam ahaṁ brūmi brahmanaṁ. | Wer diese Welt überwunden hat, sowohl Verdienste und Böses überwunden hat, frei von Sorge und rein ist, den nenne ich einen Brahmanen[586]. |
| 413 | candam va vimalaṁ suddhaṁ vippasannam anvilaṁ nandībhavaparikkhīnaṁ, tam ahaṁ brūmi brahmanaṁ. | Wer wie der Mond ist, rein, ungetrübt und sauber, wer die Daseinslust zerstört hat, den nenne ich einen Brahmanen. |
| 414 | yo maṁ palipathaṁ duggaṁ saṁsāraṁ moham accagā tinno pāragato jhāyī anejo akathankathīv anupādāya nibbuto, tam ahaṁ brūmi brahmanaṁ. | Wer die Gefahr, schlechte Orte, die Runde der Wiedergurt und Verblendung überwunden hat, das andere Ufer erreicht hat meditiert frei von Zweifeln. Wer sich befreit hat und ohne Anhaften ist, den nenne ich einen Brahmanen. |
| 415 | yo dha kāme pahatvāna anāgāro paribbaje kāma-bhavaparikkhīnaṁ, tam ahaṁ brūmi brahmanaṁ. | Wer der Gier nach Schönheit und Lust entronnen ist, als hausloser Pilger wandert, den Genuss zerstört hat, den nenne ich einen Brahmanen. |
| 416 | yo dha tanhaṁ pahātvāna anāgāro paribbaje tanhā-bhana parikkhīnaṁ, tam ahaṁ brūmi brahmanaṁ. | Wer dem Durst entrückt ist, hauslos als Pilger lebt, den Durst zerstört hat, den nenne ich einen Brahmanen. |
| 417 | hitvā mānusakaṁ yogaṁ dibbaṁ yogaṁ upaccagā sabbayogavisaṁyuttaṁ, tam ahaṁ brūmi brahmanaṁ. | Wer menschliche Verstrickung fahren ließ und auch die Himmelsfessel[587] überwand, von allen Verstrickungen gelöst ist, den nenne ich einen Brahmanen. |
| 418 | hitvā ratiñ ca aratiñ ca sītibhūtan nirūpadhiṁ sabbalokâbhibuṁ viraṁ tam ahaṁ brūmi brāhmanaṁ. | Wer Lust und Unlust überwunden hat, ausgekühlt und von Haften frei ist, dem Helden der die Welt bezwang, den nenne ich einen Brahmanen. |

| | | |
|---|---|---|
| **419** | cutim yo vedi sattānaṁ upapattiṁ ca sabbaso asattaṁ sugataṁ buddhaṁ, tam ahaṁ brūmi brāhmanaṁ. | Wer erkennt wie die Wesen entstehen und vergehen, die freudige Nicht-Existenz, ein Erwachter, den nenne ich einen Brahmanen. |
| **420** | yassa gatiṁ na jānanti, devā gandhabbamānusā khīnâsavaṁ arahantaṁ, tam ahaṁ brūmi brāhmanam. | Der, dessen Lebensweg weder Engeln, göttlichen Musikern noch Menschen bekannt ist[588], wer triebversiegt ist, der Heilige, den nenne ich einen Brahmanen. |
| **421** | yassa pure ca pacchā ca majjhe n´atthi kiñcanam akiñcanaṁ anāndānam, tam ahaṁ brūmi brāhmanaṁ. | Der vorher, dazwischen und danach nichts mehr besitzt, nicht mehr anhaftet, den nenne ich einen Brahmanen. |
| **422** | visabbham pavaraṁ viram mahesiṁ vijjitāvinaṁ anejaṁ nahātakaṁ buddhaṁ, tam ahaṁ brūmi brāhamnaṁ. | Den höchsten verehrten Helden, den hohen Weisen, den Unerschütterlichen, komplett belehrten Erwachten, den nenne ich einen Brahmenen. |
| **423** | pubbe-nivāsaṁ yo vedī saggâpāyañ ca passati atho jātikkhayam patto, abhiññā vosito muni sabbavositavosānaṁ tam ahaṁ brūmi brāhmanaṁ. | Wer sein früheres Dasein sieht, Himmel und Hölle erkennt, zum Ende der Existenz gelangt ist, im Wissen vollendet ist, den weisen Asketen, den nenne ich einen Brahmanen. |

# Index

Mönchsleben 51
Mond 30, 36, 62, 63, 66
Müde, der 13
Mund 59
Mutter 10, 47, 49
Mutterleib 53
Mutterschaft 54
Mutterschoß 22
Nachlässige 7
Nachlässiger 30
Nachlässigkeit 7, 8, 47
Nacht 13, 39, 42, 49, 63
Nachtwachen 28
Nacktgehen 24
Nahrung 4, 5, 14, 17, 53
Name 39
Nase 59
Neid 44
Nektar 11
Netz 42, 56
Nicht-Haß 4
Nirvana 14, 18, 32, 47, 62, 63
Nirwana 8, 23, 39, 48, 60
Oberhoheit 31
Ochse 26
Opfer 20
Peitsche 24
Peitschenhieb 25
Perfektion 57
Person 26
Pfad 28, 33, 46
Pfeil 15, 27, 50, 53
Pfeile 25, 57
Pfeilmacher 9
Pfeilschaft 9
Pfeilspitze 65
Pferd 8, 17, 24, 25, 61
Prozesse 35, 43, 46
pures Leben 59
Quelle 5
Rage 53
Rast 41
Raum 31, 43
Realität 5
Rechtschaffenheit 50
Rede 59
Reflexion 7
Regeln 45

Regen 5
Regenzeit 48
Reichtum 13, 27, 50, 58
Reiher 27
Reinheit 42, 46, 61
Reinigung 29, 37
Reinigungsweg 47
Ring 40
Rituale 45
Robe 5
Röhricht 55
Roß 53
Rost 41
Rückfall 8
Rückzug 14, 35
Ruhe 15, 17, 19
Ruhm 7, 50
Sammlung 25, 42, 45, 59
Sandelholz 12
Säule 17
Schaden 14
Scham 52
Schamgefühl 24
Schamhafte 42
schamlos 52
Schamlose 42
Schande 63
Schatten 4
Schatz 15
Schätze 16
Schau, geistige 36
Schaum 11
Schlacht 53
Schlaf 53
schlafen 50
Schläfer 8
Schlaflose, der 13
Schläfrigkeit 41
Schläge 65
schlagen 63
Schlamm 17, 24, 54
schlechte Taten 51
Schlechtes 52
Schlinge 30
Schlingpflanze 55
Schmähung 65
Schmerz 17, 24
Schmied 41

[1] *xxxsetta* bedeutet nicht nur: das Beste von xxx sondern auch von xxx erzeugt bzw. von xxx gezeugt oder auch daß ein anders Objekt (des Satzes) dem xxx untergeordnet ist.

[2] Diese Konstruktion steht für: üble Gedanken und die daraus entspringenden Werke. Das angewandte Konstrukt *x vā karoti vā y* ist ein Konstrukt für: wenn man x tut, so bewirkt man, daß y eintritt bzw. folgt.

[3] Dieser Palibegriff kann meines Erachtens in zwei Weisen übersetzt werden, welche aber beide zur gleichen Aussage führen. Der Begriff Mano könnte in seiner Übersetzung dem entsprechen, was Richard v. WEIZSÄCKER als Information bezeichnet, also die dritte Entität der Physik (neben Energie und Materie). Seinen Publikationen nach ist es die Information, welche die Materie in eine Form bringt – wie treffend und übereinstimmend mit diesem Vers. Der österreichische Quantenphysiker Anton ZEILINGER beschreibt gar Information als einen Grundbaustein der Welt.

Eine andere valide Möglichkeit der Übersetzung von Mano könnte auch die Bezeichnung übergeordnetes Bewußtsein sein (da wir im Westen mit Geist oft sehr diffuse Dinge assoziieren) bzw. das Bewußtsein des Quantenraumes, welches ähnlich beschrieben wird.

[4] Vorausgehend ist in dem Sinne zu verstehen, daß ohne diesen Geist (Mano) keine Dinge (für uns) existieren. Somit ist es diese Form bzw. der Zustand des Geistes, welche bestimmt ob bzw. wie wir Dinge „sehen" – er ist gleichsam der Gestalter unserer Realität (sog. Blueprinting). Wenn man den Abidhamma zu Rate zieht ist dieses Konstrukt so zu verstehen, daß Mano bzw. Citta (subjektives Bewußtsein) der Vorläufer der Geistesfaktoren bzw. mentalen Faktoren (cetasika) sind.

[5] Damit sind geschaffene/zusammengesetzte Dinge gemeint. Unter *Dhamma* werden in der buddhistischen Philosophie in dem Zusammenhang alle geschaffenen Dinge verstanden – also unsere wahrgenommene Umwelt. Diese Dinge bestehen aus Energie und Materie und sind nach Richard v. WEIZSÄCKER durch Information geformt. Die Eigenschaft dieser Dinge ist es zu entstehen und wieder zu vergehen (zu zerfallen).

[6] Eine Sache besteht in unserem Verständnis (zumindest für die subjektive Wahrnehmung) nicht nur aus der Sache selbst sondern es sind weitere Komponenten unseres Ichs darauf bezogen drauf (Prägungen, Erinnerungen, geistige Muster, etc.) und damit in Verbindung gebracht.

[7] Das übergeordnete Bewußtsein bzw. die Information ist es, was in unserer subjektiven Erfahrung die Dinge „macht" da es unsere Wahrnehmung, Empfinden und Gedankenformationen definiert und das subjektive Bewußtsein (Citta) eine unterscheidbare „Daseinswelt" benötigt.

[8] Der angesprochene üble Gedanke in diesem Vers leitet sich aus dem übergeordneten Bewußtsein (Mano), nicht aus dem subjektiven Bewußtsein (Citta) ab, das er-

klärt vermutlich auch, warum wir (= Citta) uns oft wundern was wir da so denken, da es aus Mano kommt.

[9] Man ist durch das, an was man angebunden ist untrennbar belastet. Egal wie fest man zieht, egal wie schnell man geht – der Wagen hängt immer mit seinem Gewicht daran, solange man sich nicht davon lösen kann.

[10] Es wird im Pali-Text nur der Fuß erwähnt, das Zugtier bzw. der Ziehende folgt nur implizit aus dem textuellen Zusammenhang.

[11] Das Gegensatzpaar: paduttena (übel, böse) und pasannena (klar, gesichert) wird in den ersten beiden Versen gegenübergestellt.

[12] Wenn man in der Beschreibung der Funktionsweise von Mano und den zugrunde liegenden Prinzipien zu der Auffassung gelangt, dass es sich dabei um Gott handelt (diese Denkweise kann, muß aber nicht geschehen – Buddha ließ diese Konsequenz frei) so beschreiben diese Verse die Schöpfungstätigkeit Gottes.

[13] Das Gegenteil übler Gedanken (Vers 1) sind nicht, wie man annehmen möchte, gute oder positive Gedanken sondern vielmehr geklärte Gedanken. Durch die Meditation will man ja zur Klarheit kommen und erlangt so tiefes Glück.

[14] Das Bild des Schattens zeigt – dieses Glück begleitet jemanden ganz ohne „Druck" sondern so sanft wie der (eigene) Schatten, der da ist aber nicht direkt zu fühlen ist.

[15] Das Konstrukt *xxx maṁ* steht für xxx wurde ich oder xxx wurde mir angetan.

[16] Zu grollen bedeutet sich an etwas – nämlich das erlittene Leid – zu binden; der Täter hat das Ereignis eventuell schon vergessen, aber ich halte noch immer meine erlittene Verletzung, die Wunde offen. Alternativ könnte man auch so übersetzen: In Jenen, die noch immer daran hängen erlaubt der Hass keine (innere) Ruhe.

[17] Auch als gestillt oder aufgelöst übersetzbar. Es wird als Ziel von Buddha in diesem Vers nicht die völlige Auflösung des Hasses angeführt, sondern „lediglich" eine Beruhigung des Hasses, eine Reduktion der Intensität. Das ist bereits eine Aufgabe, welche herausfordernd genug ist.

Dabei handelt es sich um ein bedeutendes Prinzip. Entgegen unserer landläufigen Annahme kann nicht das gleiche Objekt (Hass gegen Hass, Gewalt gegen Gewalt, Kampf gegen Kampf) diesem effektiv gegenübertreten. Im täglichen Leben agieren wir aber meist nach dem unwirksamen Prinzip. Wenn uns beispielsweise jemand (verbal) angreift so kontern wir ganz automatisch und selbstverständlich.

Buddhas Ansatz ist hier völlig konträr – nur mit dem Gegenteil ist eine heilsame Reaktion möglich die zur (Auf)lösung führt. Also einmal anders zu reagieren, das heißt aber nicht, sich dem Anderen zu unterwerfen aber eben nicht mit den erlernten Mustern zu reagieren.

[18] Der Begriff Dhamma bezeichnet eine tiefere Wahrheit beziehungsweise die Beschreibung eines Naturgesetzes. Es handelt sich dabei um kein menschliches oder göttliches Gesetz, sondern ein autonomes Wirkungsprinzip das immer funktioniert, egal ob es Menschen bekannt ist oder nicht.

[19] vijānāti ist eine Form wie man zu wissen gelangt, eine Art des Lernens am Beispiel bzw. ein Lernen aus Erfahrung.

[20] Damit sind Menschen gemeint, welche ihre Handlungen nicht reflektieren und (sich) hinterfragen.

[21] Ausschließlich die Besänftigung kann Konflikte beenden. Weder der anhaltende Groll noch ein errungener Sieg (im Kampf) schafft Konflikten, egal welcher Art, ein dauerhftes Ende.

[22] Mara ist die Personifikation des Unheilsamen, der Versuchung und auch des todbringenden.

[23] Im täglichen Leben reißt Mara die Menschen in Form der vielfältigen Versuchungen fort (Maras Töchter), so hat er es auch beim Buddha versucht ehe er Erleuchtung erlangte. Wenn das nicht eintritt, so werden die Menschen spätestens vom Tod fortgerissen und in ein neues Dasein gleichsam mitgerissen.

[24] In der wörtlichen Übersetzung ist es ein Begriff, den man als Unschönes umschreiben kann, das wurde von Buddha oft empfohlen, damit seine Mönche sich mehr vom Anhaften an die Sinnlichkeit abwenden. Ich finde die Realität als Begriff für die aktuelle Gesellschaft und Zeit hier aber umfassender und im Verspaar zutreffender.

[25] Als Gegenmittel der Trägheit, um energetisch zu werden wird an dieser Stelle das Vertrauen angeführt. Das impliziert, dass die angesprochene Trägheit zu einem großen Anteil aus einem Vertrauensverlust in sich selbst oder die gewählte spirituelle Entwicklungsrichtung resultiert.

[26] Diese Formulierung kann auf mehrere Arten (alternativ) übersetzt werden: … so wie Fels und Berg nicht vom Sturm überwunden werden. Oder: …wenn der Sturm des Lebens kommt hat man Stabilität.

[27] Es gibt hier eine bedeutende Erweiterung von Vers 7. Ein starker Baum mit kräftigen Wurzeln widersteht zwar heftigerem Wetter und wird durchgeschüttelt. Aber es gibt immer noch Orkane welche selbst solche mächtigen Bäume entwurzeln können – gleich wie der Tod das Leben entwurzelt. Gestein weist in dem Zusammenhang eine deutlich höhere Widerstandskraft gegen Stürme auf.

[28] Der begriff Vatthan steht sowohl für Kleidung im Allgemeinen und auch die Robe als Gewand von Mönch und Nonne im Speziellen.

[29] Der Begriff wird ebenso als Ehrlichkeit oder Aufrichtigkeit übersetzt.

[30] Die Vorbedingung für das Dasein als Mönch bzw. Nonne wird in diesem vers angesprochen. Der Mensch muss bereits bezähmt sein – also sich im Rahmen einer vorgegebenen und selbst gewählten Ordnung einordnen können. In anderen Lehrreden wird sogar so weit gegangen zu sagen, daß Menschen, welche die Trübungen noch in sich tragen trotz der formalen Zeichen wie orangen Roben keine echten Mönche sind. So relativiert sich auch heute noch der Status von Mönchen, welche nicht aufrichtig ihrer gewählten Berufung nachgehen durch ihr eigenes verhalten.

[31] Vantakasāv ist in diesem Zusammenhang ein interessantes Wortspiel. Es geht ja um die orange Robe (kasavam) und darum Unheilsames auszuspeien. Es bleibt aber nicht beim Wort vanta (erbrechen) sondern auch noch kasav, was neben der Bedeutung von Orange auch noch für scharf, Schärfe steht.

[32] In einer anderen Übersetzung: die Schärfe – also auch etwas das schmerzt bzw. sehr unangenehm ist, wenn man es im Mund behält. Etwas Scharfes will man nicht dauerhaft im Mund behalten, sondern nur eine verhältnismäßig kurze Zeit. Und selbst wenn man es ausgespien hat wirkt es noch einige Zeit nach, ist noch länger als Brennen zu spüren.

[33] Dieser Begriff wird auch als Essenz oder Kern (des Dhamma) übersetzt. Beide Varianten treffen eine gute Aussage.

[34] Alternativ kann es auch mit: *Diese werden sich nicht zum Kern hinbewegen...* übersetzt werden. Darum geht es im buddhistischen Übungspfad, man will Erkenntnis – also die Dinge sehen wie sie wirklich sind, wie sie in ihrem Innersten ticken. Um diese Erfahrungen zu machen, ist es von großer Bedeutung zu lernen die Realität und die Illusion auseinander halten zu können.

Das wäre so weit einmal einfach und klar nachvollziehbar. Aber wenn man weiter in die Tiefe geht, so ist die Unterscheidbarkeit von Realität und Illusion nicht mehr so deutlich. Gemäß den aktuellen Erkenntnissen der Wahrnehmungstheorie und der Quantenphysik gibt es eine große Anzahl an (parallelen) Realitäten und unsere erlebte Wahrnehmung besteht in der von uns selbst unbewußt ausgewählten einen Realität. So gibt es diese Unterscheidung von Realität und Illusion in dieser Form nicht mehr.

Für mich zeigt der Inhalt dieses Verses die Aufgabe in letzter Konsequenz hinter die Mechanik der Realitätsgestaltung zu kommen. Nach dieser ist eine einzelne Realität eigentlich die Illusion und die Mechanik des Realitätenraumes die Realität, welche es zu entdecken gibt.

[35] Der Begriff ist nicht wörtlich im Text enthalten, er folgt also implizit (man könnte auch sagen ...sich...)

[36] Alternativ: sich....

[37] Ein schönes und plakatives Gleichnis: es reicht bereits ein schlechter bzw. fehlerhafter Dachziegel, damit Nässe eindringen und mit der Zeit den ganzen Dachstuhl zerstören kann. Ein einziger Makel, wenn er länger nicht bemerkt wird, ist bereits eine Gefahr, nicht nur der „große Schaden". Damit solch ein Makel nicht längere Zeit unbemerkt bleibt übt man sich als buddhistischer Praktizierender/Praktizierende in der Achtsamkeit.

[38] Bzw. ist in dieser Konstellation der emotionale, gefühlsbetonte Aspekt des Bewußtseins, auch als Herzgeist bezeichnet gemeint. Ohne den Schutz (durch spirituelle Übung bzw. Meditation) durchdringt subtile Gier den Geist.

[39] Der Effekt der Meditation ist ein sogenanntes gepflegtes oder geübtes Bewußtsein. Dieses ist besser gegen die Einflüsse der Gier gewappnet.

[40] Man beginnt sich dann Sorgen zu machen, wenn man realisiert was die Folge dessen ist was man getan hat (Karma) und dass die man die früher gesetzten Taten nicht mehr ungeschehen machen kann. Ob es noch in dieser Welt ist (spätestens am Sterbebett) oder im nächsten Leben – die Sorge (und Trauer) folgt auf jeden Fall.

[41] Konkreter gesagt – wenn man sich der karmischen Auswirkungen der eigenen Taten bewußt wird . Früher oder später realisiert man was Karma sein kann, wie es funktioniert.

[42] Wobei es kein Gott oder höheres Wesen ist von dem man bestraft oder gepeinigt wird, auch nicht von sich Selbst sondern dass diese Peinigung die automatische und unabwendbare Folge der Tat (in der Form des Karma) ist. Letztlich ist man es eigentlich Selbst es der die Peinigung auslöst, nicht aber jener der sie durchführen muss.

[43] Nach einer anderen Übersetzung: wenn man auf eine elende Existenz zusteuert.

[44] Im Gegensatz zum Vers Nummer 15 befindet man sich hier schon auf der resultierenden leidhaften Fährte die aus unheilsamen Karma resultiert. Man wird also bereits gepeinigt, merkt die unangenehme Auswirkung wohingegen man sich bei Vers 15 erst davor sorgt (indem man realisiert wohin man steuert).

[45] wörtlich: wenn das Leid geht

[46] Der Lehrer muß eben selbst ein Vorbild sein (Stichwort: Wasser predigen und Wein trinken) und das was er lehrt und darlegt auch im eigenen Beispiel vorleben, sonst trägt er eigentlich nur etwas Geliehenes vor. Er lehrt dann etwas, dessen Auswirkungen und Nutzen er selbst nicht erfährt und es geht im wie im Gleichnis beschrieben. Er tut zwar etwas sehr gutes und wertvolles für andere Menschen (indem er ihnen das Dhamma näherbringt), hat aber selbst nichts davon. Und auf lange Sicht hin wird er auch keine Schüler/Schülerinnen mehr haben, da diese den Zwiespalt zwischen Gelehrtem und seinem Handeln bemerken werden (direkt oder auch nur intuitiv) und sich von ihm abwenden werden.

[47] Er geht nur mit wertvollen Dingen um (Rinder waren im damaligen Indien sehr kostbar), besitzt sie aber nicht. Der Dienst den er durchführt ist zwar bezahlt (man erhält also auch dafür eine, wenn auch geringe, Entlohnung), aber an den großen Werten hat dieser Hirte keinen Anteil.

[48] Also: an dem was er lehrt. Andere (ältere) Übersetzungen übersetzen diese Passage als ... *keinen Anteil am Mönchstum* haben.

[49] Dhamma beschreibt das überweltliche Gesetz bzw. die Beschreibung der tieferen Wahrheiten. Es geht nicht darum genau nach Buddhas Lehre (auch Dhamma) zu leben sondern nach den darunterliegenden allgemeingültigen Prinzipien.

[50] In diesem Vers wird nicht die Einsicht direkt angesprochen sondern der Begriff des richtigen Wissens. Damit ist eine Kombination aus Einsicht und einer intellektuell-theologischen Komponente gemeint.

[51] Der Begriff bedeutet neben Nachlässigkeit auch Fahrlässigkeit - was in dem Zusammenhang sehr aussagekräftig ist (Nachlässigkeit ist nur ein Versäumnis, Fahrlässigkeit bereits ein Handeln wider eines besseren Wissens).

<sup>52</sup> Hier ist natürlich nicht ein ewiges Leben (weder auf Erden noch in einer himmlischen Welt) gemeint, sondern vielmehr der Umstand, daß jemand der wachsam ist das Wesen der (eigenen) Person bzw. Persönlichkeit (atta) durchschaut und damit realisiert, daß es in letzter Konsequenz keine Persönlichkeit gibt die stirbt.

<sup>53</sup> Damit ist in dem Fall gemeint, daß jemand der sich nicht der Wachheit widmet letztlich sterben wird (seine Persönlichkeit stirbt). Dass im weltlichen Leben die Nachlässigkeit dieses Sterben rascher herbeizuführen kann ist dabei ein nicht unbedeutender Nebeneffekt.

<sup>54</sup> In einer anderen Übersetzung für dieses Paliwort heißt es: nicht messbar Auch das ist eine valide und in dem Kontext gültige Aussage. Die Wachsamkeit (in ihrer Auswirkung) ist unermesslich und nicht abschätzbar, da sie (im Moment) so viel Heilsames schafft und den Übenden/die Übende zum Nirwana hin leitet.

<sup>55</sup> Das ist vergleichbar mit dem Begriff „Living Dead" aus der Psychologie.

<sup>56</sup> Jene Erkenntnisse, welche man aus Vers 21 ableiten kann.

<sup>57</sup> Der Bereich, aus dem man sich selbst spirituell nährt wurde vom Buddha immer wieder in Anlehnung an die Ernährung der Rinder als die (geistige) Weide beschrieben. Die eigene Wachsamkeit und die meditative Übung führen zu Freude und Glück – man nährt sich spirituell aus einer Quelle, welche man selbst schaffen und stärken kann. Oder anders gesagt: man ist seines eigenen Glückes Schmied.

<sup>58</sup> Auf die Erkenntnisse aus Vers 21 bezogen.

<sup>59</sup> Beschrieben bzw. umschrieben als berühren – also ein erstes Kennenlernen und Näherkommen, aber noch kein Eindringen in diese Weisheit. Die Wachsamkeit führt die Übenden dazu, die Dinge geistig zu berühren, den Geschmack erstmals kennenzulernen und generiert über diese Erfahrung einen Wunsch nach einer größeren Tiefe, einem genaueren hinsehen, also Vipassana.

<sup>60</sup> Nirwana

<sup>61</sup> Die wörtliche Übersetzung lautet: wie auf Nadeln. Im Rahmen der Weiterentwicklung ist es nötig vor allem sorgsam bezüglich sich selbst – der eigenen Möglichkeiten und den eigenen Möglichkeiten zu sein.

<sup>62</sup> wörtlich: in puren Taten; Im Kontext ist die gewählte Übersetzung aber besser geeignet.

<sup>63</sup> Man könnte die Formulierung eigentlich besser als „spiritueller Ruf" zu übersetzen. Jemand, der so wie beschrieben lebt, wird zwar nicht unbedingt gleich und sofort als „besonders" erkannt, aber langfristig wird er doch als Mensch mit besonderen Eigenschaften (z.B. Ruhe, Besonnenheit...) wahrgenommen und als solcher geschätzt.

<sup>64</sup> Die Überweindung der unheilsamen Triebe, der Fesseln oder der Hindernisse.

<sup>65</sup> Für die Entscheidung, welche in dem Vers beschrieben wird muß man noch nicht weise sein, der Intellekt genügt vollauf dafür, einen spirituellen Pfad zu betreten. Dieser Vers nimmt Bezug auf jene Menschen, welche bereits praktizieren (der Buddha sprach hier zu seinen Anhängern).

[66] Der Flut des Lebens. Der Buddha hat das weltliche Gefüge (Dasein, Leben und Tod) oft mit einem Fluss oder gar mit einer Flut verglichen. Es handelt sich um eine große Gewalt, welche die Richtung und Entwicklung vorgibt – dagegen anzukämpfen ist kurzfristig möglich, auf längere Dauer gesehen aussichtslos.

[67] Appamada – Unermüdlichkeit oder fürsorgliche Wachsamkeit, man könnte es auch mit Achtsamkeit übersetzen.

[68] Weltlich gesehen: der Selbstwert, spirituell gesehen: Nirwana – für beide Bereiche weist dieser Vers Gültigkeit auf und beschreibt so die beiden Ebenen, auf welchen man praktizieren und sich entwickeln kann. Sowohl um das jetzige Leben zu verbessern als auch mit einer spirituellen Ausrichtung kann man sich üben, beides ist legitim.

Die Nachlässigkeit stellt die größte Gefahr für den (weltlichen) Selbstwert dar. Wenn wir nachlässig agieren so führt das immer wieder zu einer Schwächung des Selbstwertes, zu einem latenten oder gar dauerhaften Abfall.

[69] Kurz gesagt: Die Nachlässigkeit bringt keinen Selbstwert und schon gar nicht Erleuchtung. Vor allem im weltlichen Leben muss (auch) der höchste Wert beschützt werden. Ohne sich darum zu kümmern verfällt beispielsweise der Selbstwert wieder. Gleich verhält es sich mit den höchsten Zielen der geistigen Entwicklung, durch Nachlässigkeit entwickelt man sich weg von Nirwana und nicht dort hin.

[70] Die Sinnesgier verspricht uns immer wieder Glück und Zufriedenheit, wenn wir Dies oder Jenes noch haben oder erleben. Dabei wissen wir doch eigentlich bereits, daß dieses weltliche Glück nur kurz andauert und alsbald das nächste Versprechen der Sinnesgier folgt. Dieses Versprechen beinhaltet ein noch größeres Glück, für das wir natürlich noch mehr einsetzen müssen. Aber auch dieses Glück, wenn es erreicht ist bleibt nicht bestehen.

[71] Die Formulierung wird auch treffend als die Übung der Wachsamkeit übersetzt.

[72] Der Untewrschied wird grammatikalisch sehr extrem ausgedrückt – jene (Wesen) am Boden werden sogar versachlicht.

[73] In einer anderen Übersetzungsvariante: die Festung der Weisheit, also ein Aspekt der Weisheit, der sich dem unmittelbaren Zugang verschließt und einen weiteren Schritt der Übung erfordert.

[74] Die Nachlässigkeit ist eine Ausprägung der Verblendung. Durch die Wachsamkeit wird Sie entfernt und so kommt die Weisheit zum Vorschein. Ssie kommt nicht durch die Übung, sie war immer schon da und wird durch die Wachsamkeit lediglich erneut freigelegt.

[75] Von einem Gipfel aus gibt es Überblick und Umsicht – man erkennt größere Strukturen und Zusammenhänge, die der eingeschränkten Sicht aus dem Tal verborgen bleiben.

[76] Man kann kein schwaches Pferd mitziehen oder mitnehmen (auch ein schnelles Pferd würde im Gespann mit einem schwachen Pferd langsam werden und seine Kraft vergeuden). Ein weiser Mensch sollte daher auch nicht krampfhaft versuchen Andere mitzuziehen. Es ist richtig und gut Sie zu belehren, ihnen Hilfe zukommen zu lassen, aber der Versuch sie mitzuziehen führt letztendlich dazu, daß

man auch selbst nur mehr sehr langsam (falls überhaupt) vorwärts kommt. Dieser Aspekt muss besonders von spirituellen Lehrern und Lehrerinnen immer wieder rekapituliert werden um sich nicht selbst zu hemmen.

[77] Durch die Wachsamkeit erreicht man, wenn schon nicht das Endziel des Nirwana (wie im vorherigen Vers beschrieben), zumindest auf jeden Fall eine himmlische Wiedergeburt.

[78] Das ist ein alternativer Name für Brahma, die höchste Gottheit im Weltbild Indiens. Durch die intensive Übung der Wachsamkeit in seinem Vorleben wurde er als Brahma wiedergeboren.

[79] Die Nachlässigkeit muss also nicht nur intellektuell als hinderlich und nicht-fördernd erkannt werden, sondern der/die Übende muss sie wirklich fürchten. Das ist eine der wichtigen Grundlagen für den Fortschritt – man fürchtet die Nachlässigkeit, da man sich völlig bewußt ist wohin sie führt und welch negatives Potential sie birgt.

[80] Das Feuer durchtrennt das Objekt (hier die Fessel) nicht nur sondern eliminiert es ganz, verbrennt also restlos die gesamte Struktur sodass sie sich nicht erneut bilden oder wieder verhindern kann. Eine durchschnittene Fessel (wie man sie beispielsweise in einer Vertiefung erlebt) kann sich wieder verbinden, aber sobald die Fessel verbrannt ist (eine Heiligkeitsstufe ist erreicht) kann nichts mehr passieren.

[81] Das würde bedeuten, daß ein solcher Mönch den Stromeintritt, also die erste Erleuchtungsstufe erlebt hat.

[82] Der Grundzustand des (ungeübten) Geistes (in Form des subjektiven Bewußtseins) ist es sich überall hinzuwenden, rasch gelangweilt zu sein, ständig nach neuen Objekten der Aufmerksamkeit zu suchen und gerne auf jeden sich anbietenden Auslöser (durch die Sinne) zu reagieren oder sogar selbst wiederum der Auslöser für einen neuen Gedankenzyklus zu sein.

[83] Das impliziert, daß eine Ausrichtung auf ein Ziel bereits stattgefunden hat, nur so ist es möglich dem Bewußtsein eine Richtung vorzugeben. Was diese Ausrichtung noch nicht vorgibt ist, ob das gewählte Ziel gut oder erreichbar ist, aber es ist zumindest der Schritt erfolgt, das Bewußtsein auf ein Ziel auszurichten, also die meist zerstreut vorliegenden Energien zu bündeln. Das ist bereits ein erster, guter Schritt zur geistigen Entwicklung – der aber noch nichts mit Buddhismus zu tun hat; die Bewußtseinsschulung hängt nicht von einer spirituellen oder religiösen Ausrichtung ab.

[84] Ein Pfeilschaft wird dadurch erzielt, daß ein Stück Holz, das von Natur aus eher unregelmäßig geformt ist, so lange bearbeitet und vor allem geglättet wird bis es ganz eben und exakt ist. Je besser diese bearbeitung erfolgt ist, desto gerader und gerichteter fliegt der Pfeil.

[85] Eine bessere Variante ist: Der Intelligente richtet das Bewußtsein gerade aus, so wie der Bogner den Pfeilschaft. Das ist eine schöne Analogie: weil nur mit einem ganz geraden Schaft fliegt der Pfeil gut, zielsicher und weit – ist somit zu seinem Zweck brauchbar.

[86] Wörtlich ist der Begriff als *ein Ort wo Mara nicht existiert* zu übersetzen.

[87] Und ohne Hilfe ist es doch zum scheitern verurteilt, zappeln an Land bringt nicht weit, es braucht einen strukturierteren, erfolgversprechenderen Ansatz. Das Zappeln ist der erste Ansatz bzw. intuitive Versuch aus der Situation zu entkommen (sehr instinktiv) welcher der ursprünglichen Umgebung (in unserem Fall das Wasser in dem sich der Fisch befindet) am besten entspricht. Aber wir können verstehen, daß mehr nötig ist um der Situation zu entkommen – da sich das Bewußtsein nicht mehr in jener Umgebung befindet, auch welche seine Reaktionen angepasst sind, eine neue Umgebung erfordert auch neue Herangehensweisen.

[88] Das, was das Bewußtsein (instinktiv) als Maras Bereich, dem es entrinnen will versteht ist der Tod sowie ggf. Alter, Verfall und Krankheit. Das Bewußtsein realisiert aber nur selten, daß das gesamte weltliche Dasein, Samsara genannt eigentlich bereits Maras Bereich ist (da es unweigerlich in Tod und Verlust endet).

[89] Wenn das Bewußtsein macht was es will geht es so weiter, wie bisher (das Leben in Samsara). Ausschließlich das beherrschte Bewußtsein, das sich gezielt in eine (heilsame) Richtung bewegt und entwickelt kann die Quelle eines überweltlichen Glücks sein. Alle anderen Versuche dauerhaftes Glück zu erlangen erweisen sich als Illusion oder verbleiben lediglich bei weltlichem, vergänglichem Glück.

[90] Um das Bewußtsein schützen oder beherrschen zu können muß man es (seine Natur) erst einmal erkennen, beobachten können wie es sich entwickelt, wie es auf verschiedene Einflüsse reagiert. Darum ist die Achtsamkeitsmeditation so bedeutend da sie uns in Kontakt mit dem Bewußtsein bringen kann und damit die Grundlage für eine gezielte Veränderung darstellt.

[91] Der meditative Ansatz im Buddhismus ist (daher): erkennen→ damit arbeiten und es letztlich beherrschen → beschützen

[92] Die Übersetzung des (direkten Begriffes) ist schwer und keinesfalls klar und eindeutig - beispielsweise ... *wer unkörperlich im Herzen haust*; oder auch .. *der Geist der nicht im Körper und Herzen zu finden ist...* eine weitere (profanere) Übersetzung besagt: *wer allein in einer Höhle lebt.* Meiner Meinung nach kann sich aber die Kernaussage, vor allem im Kontext der beiden vorherigen Verse nur auf die Lehre von Anatta, die Illusion eines Ichs oder einer Persönlichkeit beziehen.

[93] In einer anderen Übersetzung: *nicht sieht* bzw. *nicht erkennt.* Das beschreibt, daß es nicht nur sein kann, daß man die wahre Lehre in ihrem Inhalt nicht versteht, sondern dass man die wahre Lehre als solche grundsätzlich nicht wahrnimmt.

[94] Da dann die Grundlagen der Praxis fehlen. In der ersten Phase der buddhistischen Übung liegt daher das Ziel darin, diese Qualitäten zu entwickeln, insbesondere das Vertrauen in die spirituelle Lehre und in die eigenen Fähigkeiten ist eine zwingende Grundlage für eine geistige Weiterentwicklung.

[95] Ist also der Gefahr des Rückfalls schon entronnen.

[96] Ein Tontopf ist zerbrechlich, ein umsichtiger Umgang damit ist nötig, da es sonst zu schweren, nicht mehr behebbaren Schäden kommt. Bei einem nicht glasierten Topf kann außerdem Feuchtigkeit durchdiffundieren. Beide Teile dieses Gleich-

nisses beschreiben den menschlichen Körper sehr gut. Auch wenn er sehr stabil aussieht ist doch ein sachter Umgang nötig, da er sonst Schaden nimmt, verfällt oder in Form von Krankheiten „undicht" wird.

[97] Hier wird das Bild einer altindischen Stadt angesprochen: Diese besitzt Stadtmauer und bewachte Tore (entsprechen den Sinnestoren des Menschen), welche nur tagsüber geöffnet sind. Der Zutritt in die Stadt erfolgt nur nach der Kontrolle durch den Torwächter.

[98] Wie viel ist der Körper wert, ist es eigentlich sinnvoll (übermäßig) daran anzuhaften wenn die unvermeidliche Entwicklung bereits bewußt ist? Dieser Vers ist nicht als Frage oder Aufforderung geschrieben, sondern als der Ausdruck eines üblichen und unvermeidlichen Vorgangs, auch wenn uns das Bild nicht gefällt ist es doch unausweichlich.

[99] Es führt zu unheilsamen Gedanken, sprachlichen Äußerungen und Handlungen. Diese erzeugen Leid, sowohl beim Ausübenden als auch beim „Opfer". Und ein solches Bewußtsein ist ein beinahe unendlich sprudelnder Quell solcher Aktionen, das Bewußtsein kommt nie wirklich zur Ruhe sondern agiert immer wieder von Neuem.

[100] Auch als *richtig ausgerichtetes …* übersetzt.

[101] Die beiden Verse zeigen die große Bedeutung des subjektiven Bewußtseins (Citta) aus dem ja alles Denken und Handeln entspringt. Wenn man das Bewußtsein gut bzw. richtig ausrichten kann, dann folgt eigentlich alles Weitere von selbst.

[102] Unter dem Begriff Yamawelt werden die vier niederen Welten (Tierwelt, Gespensterwelt, Dämonenwelt und Hölle) zusammengefasst, unter Devawelt alle himmlischen Welten.

[103] In einer anderen Übersetzung die *Verse des Gesetzes*. Die spirituellen Lehren wurden im alten Indien häufig in Versform kanonisiert und übermittelt.

[104] Er erkennt und schätzt die besonderen, seltenen, schönen und wertvollen Blumen und kann sie von den vielen schönen aber unbedeutenden weiteren Blumen unterscheiden.

[105] Das umfasst mehr als diese Welt nur zu verstehen, sich darüber hinaus erheben, nicht mehr so daran gebunden sein werden darunter verstanden.

[106] Alternativ: *die Vitalität des Körpers als Schaum….*; Diese Darstellung bezieht sich auf die Skandas (Illusion der Stabilität) bzw. auf die Illusion dauernder Lebenskraft und die Dauerhaftigkeit der eigenen Persönlichkeit.

[107] Im Originaltext wird der Begriff: *Lichtwunder* verwendet, man könnte es auch als Fata Morgana umschreiben.

[108] Im Originaltext wird die Umschreibung verwendet, daß Maras Pfeile Blüten als Spitze tragen und damit ihre Gefährlichkeit verharmlosen. Als Maras Blütenpfeile werden gemäß den Kommentaren die Daseinsrunden (sinnlich, körperlich, unkörperlich) verstanden.

[109] Wer Anatta durchschaut hat nimmt sich selbst aus dem Daseinskreislauf heraus und ist so mittelfristig nicht mehr einem Tod (und der Wiedergeburt) unterworfen.

[110] Die Bezeichnung steht als Synonym für: Nichts tun, nur dem Schönen und den Sinnesgenüssen nachgehen, ohne die Gefahr darin zu sehen. Man könnte auch sagen: der sorglose Mensch.

[111] Interessant: hier wird Mano (also der Quantenraum oder Möglichkeitsraum) als der Auslöser für den Wunsch nach Befriedigung geführt wird, also das übergeordnete Bewußtsein und nicht Citta (das subjektive Bewußtsein) referenziert. Sehr wahrscheinlich ist aber die im nächsten Vers zugeordnete Fußnote der treffendste Ansatz zur Deutung.

[112] Ein schlafendes Dorf wiegt sich in falscher Sicherheit. Wenn das Wasser ansteigt bemerkt es Niemand, keine Schutzmaßnahmen werden ergriffen. Es ist ein solches Dasein eine trügerische Sicherheit – der Tod reißt die Existenz fort. Man kann zwar gegen dieses Faktum nichts unternehmen – auch das Dorf kann das Hochwasser nicht aufhalten, aber die wertvollen Gegenstände in Sicherheit bringen. Genau so ist es mit dem Tod – man kann ihn nicht aufhalten aber die Werte schaffen bzw. sichern die man im Angesicht des Todes benötigt.

[113] Mano: das übergeordnete Bewußtsein, bisweilen ist der Begriff auch (in der westlichen Psychologie) auf das Unterbewusstsein bezogen.

[114] Der Begriff Maccu steht für den Tod, Todesgott; Antako ist wörtlich erledigen, ein Ende machen → also eine allgemeine Form des Todes, ist fast so zu verstehen wie: er wird erledigt, so wie das Wild durch den Jäger.

[115] Wird von ihm erledigt, erjagt und erlegt wie ein Tier.

[116] Die Biene nimmt nur, was für sie vorgesehen bzw. angeboten ist, sie lebt in Symbiose. Die Biene tut etwas für die Blume indem Sie den Nektar nehmen und dabei für die Bestäubung sorgen. Gleich verhält es sich mit den Spenden an spirituell höher stehende Wesen – auch der Geber hat einen Vorteil (Merit) davon.

[117] Das bezieht sich auf die Anweisung des Buddha, daß der Asket nicht zu viel nehmen soll (schädigen eines Dorfes).

[118] Es geht (zumindest für Theravada-Buddhisten) um die eigene spirituelle Weiterentwicklung. Wenn man sich mit Anderen vergleicht, glaubt es besser zu können und zu wissen so entwickelt man Hochmut und übersieht doch das, was das weitere Dasein bestimmt – die eigenen Handlungen, welche das Karma bestimmen. Die Sicht auf Andere ist subjektiv gefärbt und fehlerbehaftet solange man nicht erleuchtet ist.

[119] Es ist nur ein Aspekt (von vielen) der Blüte besonders ausgeprägt, andere Aspekte fehlen sogar und damit ist das gesamte Objekt (in dem Gleichnis die Blume) wertlos um seinen ursprünglichen Zweck zu erfüllen. Nur die Gesamtheit der spirituellen Entwicklung in allen Bereichen ist wertvoll, eine einseitige Weiterentwicklung praktisch wertlos.

[120] Das Lesen (buddhistischer Themen) ist zu wenig, die Übung und das Leben danach macht es aus! Oder man kann es auch so sehen: Der Ratschlag bzw. die Belehrung ist wertlos wenn der Zuhörer sie nicht befolgt.

[121] Die Deutung dieses Verses ist nicht so einfach. Ich fasse es so auf: Die Endpunkte der Girlande sind durch die Geburt und den Tod bereits vorgegeben. Dazwischen hat man die Wahl was man in sein Dasein einflechten möchte- das geht aber nur Eines nach dem Anderen. Was schon auf der Girlande ist bleibt darauf und kann nicht mehr entfernt werden. Man „macht" sein Leben aus der Abfolge der einzelnen Taten zu einem Ganzen, zu einer Girlande. Die Blumen können schöne und auch weniger schöne Blüten sein – wir müssen mit allen Situationen des Lebens umgehen können, unsere eigene Girlande fädeln.

Eine Girlande diente damals dem Schmuck bzw. als Zeichen der Verehrung – sie sollte also schön sein. In der Art sollten wir Menschen die Girlande unseres Lebens flechten.

[122] Die Formulierung kann man sowohl auf das Gute generell als auch auf den guten Menschen beziehen. In einer anderen Übersetzung könnte man den Begriff auch als *das Echte (unverfälschte, unveränderte)* übersetzen.

Neben dem Inhalt, der sich gleich erschließt enthält dieses Gleichnis noch eine zweite, nicht unbedeutende Analogie. Um das Gute zu tun muß man gegen eine Tendenz agieren. Das stärkere Muster, das uns innieliegt ist es Taten nach angenehm und unangenehm zu klassifizieren und danach zu handeln. Um ethisch korrekt zu handeln muß man gegen diese Tendenzen anlaufen, sich gleichsam gegen den Wind oder Sturm bewegen.

[123] Der Blütengeruch geht rasch vorbei (ist sehr vergänglich), ist nur kurzweilig – ein Windhauch reicht aus um ihn wegzublasen; die Früchte der Ethik hingegen wirken intensiver und dauern länger an. Auch wenn die ethische Handlung rasch vorüber ist so merkt man doch längere Zeit die Auswirkungen, egal ob im Kleinen (einem ggf. veränderten Geisteszustand) oder über mehrere Leben hinweg in der Form des Karma.

[124] Auch als *eingegrenzt* übersetzt. Im Gegensatz zu einem Geruch ist die Ethik sowohl zeitlich als auch räumlich unbegrenzt und sehr wertvoll, geht weit über die Menschenwelt hinaus (Karmawirkung).

[125] In einer anderen Übersetzung: *ethischen Basis*

[126] wörtlich: *vom Wind geblasen*

[127] Dieser Vers referenziert die Übungsfolge für Mönche: Sila-Samadhi-Pannja. Wer dies gemeistert hat kann nicht mehr vom Weg abkommen bzw. in Versuchung geführt werden (Mara = der Versucher).

[128] Wörtlich übrsetzt: *der Misthaufen, der von der Straße ausgeworfen wird.* Es ist ein Abfallhaufen neben der Straße gemeint, wo die Fuhrwerke und Karawanen ihren Müll abladen.

[129] ein den Geist erfreuender Geruch....

[130] Eigentlich wäre hier verblendet zutreffender.

[131] Die Basis, die Buddhanatur ist in jedem Menschen und erlaubt es trotz widriger Voraussetzungen ein so fabelhaft beschriebener Schüler zu werden. Bemerkenswert ist der große Gegensatz, welchen der Buddha im Gleichnis anführt. Noch

verblendete Weltlinge (also solche die noch nicht Buddhas Schüler sind) werden mit Mist oder Abfall gleichgesetzt.

[132] Jenem, der nicht einschlafen kann, der schlaflos daliegt kommt die Zeit ewig vor und scheint nicht oder nur sehr zäh zu vergehen. Je mehr man daran hadert und mit dem Zustand unzufrieden ist, desto weniger tritt der Schlaf ein.

[133] Mit dem richtigen Ansatz sind die zu erledigenden Aufgaben im Daseinskreislauf kurz und kompakt. Falsch angefasst zieht sich die Ausübung, wird schwer, aufwändig und unangenehm auszuführen. Man tritt immer wieder in ein neues Dasein mit z.T. schlechteren Voraussetzungen zur Weiterentwicklung als in diesem Leben ein.

[134] Hier kommt es auf das Diskussionsthema: Wie soll dann Jemand, der am Beginn des Weges steht etwas lernen bzw. angeleitet werden? Aus dem ersten Satz könnte man durchaus ableiten, daß man sich mit diesem (noch nicht geübten) Menschen nicht verbinden soll. Aber der zweite Satz zeigt es deutlicher: Menschen, welche sich bereits an einem spirituellen Weg interessieren sind (siehe auch Vers 63) keine Toren mehr – sie sind zumindest schon gleich (wobei es im spirituellen Fortschritt ja keine Messung geben soll/kann) und damit verbindenswert. Nur von den echten Toren, also Menschen welche eine spirituelle Entwicklung nicht schätzen und diese sogar hintertreiben sollte man sich trennen.

[135] Wörtlich übersetzt: sorgt – es ist also in diesem Zusammenhang eher ein besorgtes Denken gemeint.

[136] Anatta weist uns darauf hin, daß wir nichteinmal ein dauerhaftes Selbst sind, so macht es auch keinen Sinn sich um Weiters bzw. Fremdes zu sorgen, das diesem Selbst gehören kann. Aus einem anderen Blickwinkel könnte man es auch so sehen, daß man über äußere Dinge versucht sein Ich bzw. die Illusion dieses Ich aufrecht zu erhalten. Wenn man dem Ich auf den Grund geht und sich fragt wie man sich definiert, so wird man oftmals äußerliche Dinge erhalten (Menschen definieren sich oft über Besitz, Kenntnisse, soziale Kontakte o.Ä).

[137] Wenn man Selbsterkenntnis hat, an einem spirituellen Weg Interesse zeigt, sich verändern und weiterentwickeln will, so ist man ab diesem Zeitpunkt schon kein Tor mehr. Daraus kann man vor allem am Anfang des Weges viel Motivation ziehen – auch wenn man glaubt noch gar nichts zu können und zu wissen ist man doch schon weiter als jene die sich gar nicht entwickeln.

[138] Der Begriff Dhamma ist auch mit: *Lehre* oder *Wahrheit* übersetzbar.

[139] Man ist zwar (physisch) dabei und taucht in etwas Gutes ein, aber dank schlechter Voraussetzungen ist das Vorhaben nicht von Erfolg gekrönt. Ein Löffel besitzt eben keine Fähigkeit zu schmecken oder zu erkennen – egal wie lange man ihn in die Suppe hält.

[140] Der Begriff Dhamma ist auch mit: *Lehre* oder *Wahrheit* übersetzbar.

[141] Das ist ein echtes Eintauchen mit geeigneten Mitteln, die Zunge muss die Suppe nur ein wenig berühren um sie zu schmecken, zu erkennen und einzelne Noten bzw. Geschmacksnuancen zu unterscheiden. Der Unterschied entsteht nicht durch

das Objekt des Eintauchens (beides Mal ist es die Person) sondern durch seine Ansichten, seine Herangehensweise.

[142] Auch wenn es auf den ersten Blick scheint, daß ein Tor seine Umgebung am meisten schädigt ist es doch letztlich er selbst, dem er den meisten Schaden zufügt. Durch das Karma kommt alles wieder auf ihn zurück. Wenn man schlechte Taten tut, so bringt man die Samen bitterer Früchte aus. Diese wachsen dann ganz von selbst, ohne eine gerechte Gottheit oder ein ausgleichendes Prinzip. Die Samen die wir selbst gesäät haben ergeben bittere Früchte, es ist irrational auf süße wohlschmeckende Früchte zu hoffen wenn man nicht die entsprechenden Samen ausbringt.

[143] Wenn man sich die Frage stellt ob eine Tat gut oder nicht gut war, dann ist sie wahrscheinlich schon ersteres (da sich das Gewissen meldet). Das darf man aber nicht mit einer Sorglosigkeit oder Verblendung verwechseln (sich nicht zu fragen heißt noch nicht dass es OK war), welche die Illusion auslösen können, das richtige getan zu haben.

[144] Man könnte es salopp übersetzen: als No-Problem denkt er sich....

[145] Viele Taten zeigen ihre Auswirkung und karmischen Effekte erst verzögert, das erlaubt die irreführende Annahme, daß diese Tat ja keine (negative) Auswirkung hat.

[146] In einer anderen Übersetzung ist es auch als: *Wie auch immer .... *lesbar

[147] Das Wort bedeutet auch: *verdauen, hochkochen, verarbeiten.*

[148] Bezieht sich auf asketische Praktiken, welche im alten Indien extrem hoch geschätzt wurden und welche als spirituelle Praxis angesehen wurden. Buddha hat das beispielsweise mit diesem Vers deutlich relativiert.

[149] Bzw. korrekterweise im Begriff: jene die eine Heiligkeitsstufe (also zumindest den Stromeintritt) erreicht haben.

[150] Man kann nicht immer sofortiges Karma erwarten. Auch wenn es scheint, daß schlechte Taten ungesühnt bleiben dauert es zwar ggf. länger bis zur Wirkung – aber sie tritt mit Sicherheit ein – und meist schwerwiegend. Auch Milch gerinnt nicht sofort sondern erst wenn sie einige Zeit ruhig steht.

[151] Wenn ein Feuer bzw. eine Glut von Asche bedeckt ist scheint es bereits ausgekühlt und ungefährlich zu sein. Wenn man jedoch darauf tritt so bricht die ursprüngliche bzw. verborgene Hitze wieder auf. Das ist die Wirkungsweise von Karma - und das Missverständnis des Toren (der sich sicher wägt).

[152] In einer Deutung geht es dabei um die Aneignung von Wissen mit der Motivation schlechtes zu tun. Auch sich heilsames Wissen anzueignen und es noch nicht auszuüben (zurückzuhalten) zerstört nach einer anderen Deutung bereits das (eigene) Glück.

[153] Die Formulierung bezieht sich auf die Entstehungsgeschichte des Verses, kann aber auch die zweite Deutung bzw. Auslegung des Verses unterstützen. Nach dieser Deutung zerstört Wissen das wir uns zum eigenen Schaden aneignen unser Glück. Damit ist auch ein unvollständiges oder riskantes Wissen gemeint. Als Bei-

spiel kann das Wissen um die Nutzung der Atomkraft dienen. Die Aneignung und Nutzung dieses Wissens zerstört dabei nicht nur das Glück einiger weniger Menschen sondern sogar ganzer Regionen.

[154] Wörtlich überseit heißt es: *nicht existentent ist.*

[155] Im Sinne eines Führungsanspruchs gemeint

[156] Im Text steht zwar sankappa (Absicht) aber eigentlich würde hier Begierde besser passen. Aber auch die Absicht könnte als passend angesehen werden – auch die Absicht sich so wie beschrieben zu verhalten wächst mehr und mehr an.

[157] Dieser Vers zeigt deutlich, daß die Gefahr des Egos (wenn auch etwas verändert) auch im spirituellen Leben sehr präsent und verführerisch ist. So läßt sich das Ego auch auf dieser neuen Ebene massiv aufblähen. Weltliches und geistiges Leben gleichen sich hier.

[158] Der Buddha weist immer wieder auf zwei mögliche Lebenswege hin, in die man seine Energien stecken soll. Entweder im weltlichen oder im spirituellen Bereich erfolgreich zu sein – das jeweilige Ziel zu erreichen.

[159] Die Bescheidenheit ist eine bedeutende Rahmenbedingung für den Weg zum Nirwana. Wer den Pfad echt geht findet sich selbst nicht so bedeutend und wichtig. Wenn man beginnt den Weg der Ehre (Verehrung) wegen zu gehen befindet man sich auf einer ungünstigen Ausrichtung.

[160] Dieser Mensch enthüllt uns etwas, das wir so noch gar nicht sehen, und wie das Gleichnis zeigt ein Schatz ist, da wir daran wachsen können (auch wenn wir es im Moment vielleicht noch gar nicht sehen). Es fordert ein sehr reifes Verhalten mit dieser Kritik umgehen zu können und diesen Menschen nicht zu meiden, sondern sich ganz bewußt dieser (hilfreichen) Kritik zu stellen. Das darf man aber nicht damit verwechseln jegliche Kritik so zu sehen, es ist schon nötig die hilfreich gemeinte Ermahnung von einer generellen Kritik zu unterscheiden.

[161] Auch wenn es uns unangenehm ist und wir es gerne meiden würden. Jene die uns ermahnen sind extrem wertvoll für unser spirituelles Wachstum.

[162] Die Ermahnung erfolgt nach einem bereits erfolgten Vorfall (damit er nicht mehr auftritt). Ermahnung ist ein Aufarbeiten dessen was ungünstig gelaufen ist, ein Lernen aus der zuvor gemachten Erfahrung.

[163] Eine Unterweisung bezieht sich auf die Zukunft, man könnte es auch als Schulung bezeichnen, sie kann wiederholt gegeben werden und muss sich nicht auf ein bereits erfolgtes Vorkommnis beziehen.

[164] Dieser Vers ist das Gegenstück zu Vers Nr. 76

[165] Das Pali-Wort steht sowohl für *sich-verbinden* als auch für *dienen.* Im Indien zur Zeit Buddhas war die eine Tätigkeit in der Anderen enthalten. Jemand mit dem man sich verbinden möchte dient man. Für unsere heutige Zeit und speziell im Westen ist der Zusammenhang etwas ungewohnt.

[166] Das Paliwort steht sowohl für gute (Menschen) als auch für Gesegnete. Conclusio: ein guter Mensch ist automatisch gesegnet – ein schönes Bild!

[167] Hier sind zwei Deutungen möglich: pītī wäre trinken, kosten (Verkürzung des zweiten ī aufgrund der Versform) oder pīti – Erregung: beide Varianten sind gut geeignet, den vorherrschenden Geist dieses Verses abzubilden.

[168] Alternativ (wenn von Pitī abgeleitet) müßte es heißen: wer durch die Wahrheit/Lehre freudig erregt wurde...

[169] Das führt zu einem Gefühl von belohnung und damit Motivation, man bleibt dabei und übt sich immer weiter. Man muss sich nicht mehr überwinden und etwas tun das man eigentlich gar nicht mag, sondern freut sich praktizieren und üben zu dürfen.

[170] Wortspiel: *nayanti-namayanti-damayanti*

[171] Dieses alte Wort steht neben seiner uns bekannten Bedeutung auch für *glätten* oder *begradigen*.

[172] Jeder macht das, was er am besten kann bzw. beherrscht. Um eine Tätigkeit auszuüben braucht man zuvor die Ausbildung bzw. das Training. Niemand wird beispielsweise bereits als Tischler geboren, er muss in die Lehre gehen, von den kleinen bis zu den komplexen Aufgaben üben um dann Tischler genannt werden zu können. So verhält es sich auch mit dem Streben ein weiser (oder gar erleuchteter) Mensch zu werden. Man ist es nicht durch Geburt sondern man muss sich üben, nach und nach und kann nicht die Erwartung haben mit dem Beginn dieses Weges gleich alles perfekt zu können, das ist ja schließlich bei den Handwerkskünsten nicht anders.

[173] Die wahre Weisheit ist jenseits bzw. über den Wechselfällen des Lebens. Lob und Tadel sind bei näherer Betrachtung lediglich weltliche Konventionen. Aber an der Stelle ist es wichtig festzustellen – es geht nicht um die Gleichgültigkeit sondern um weises Umgehen damit (Vers 76).

[174] Nicht aufgewühlt, gesetzt und beruhigt. Auch hier setzen sich im Geist die aufgewühlten Gefühle und Gedanken immer mehr ab, wenn kein Sturm oder andere Vorkommnisse den See beeinflussen. So wie es die Natur des Sees ist klar zu werden wenn er ungestört ist (es gibt Niemanden der den See klar macht) ist es auch die Natur unseres Geistes von selbst klar zu werden wenn er nicht aufgewühlt wird.

[175] Der Begriff bedeutet auch *hören* oder sich *nähern*.

[176] *Kama Tanha*, eine der Gierformen. In der Verblendung glauben die Menschen, daß die Erfüllung der Sinnengier immer Glück und Heil bringt und unternehmen daher alle Anstrengungen um angenehme Sinnenerlebnisse zu erlangen. Ja der ganze Lebenszweck kann an der Erfüllung der Sinnesgier ausgerichtet sein.

[177] Von der gesagt wird, sie sei das Echte (der Kern). Die Menschen trauern dem Sinnenerlebnis nach, wenn sie es nicht erhalten. Ein großer Teil der Wirtschaft und der modernen Eventkultur basiert darauf die Sinnengier zu befriedigen oder aber auch eine Sinnengier zu schaffen deren Befriedigung Umsatz bringt.

[178] Die Weisen zeigen sich gleichmütig, aber nicht gleichgültig. Es ist nicht ein kaltes ignorieren einer Situation, der Mensch registriert die Situation – wird von ihr aber nicht vereinnahmt.

[179] Werte

[180] wörtlich: *ein Königreich*

[181] Darunter versteht man nicht eine (falsche) Frömmigkeit sondern dass man einen (beliebigen) spirituellen Pfad folgen sollte, danach sein Leben ausrichtet.

[182] Das andere Ufer ist das Ziel einer jeden religiösen Richtung. Ob es nun ein Paradies oder die Erleuchtung ist stellt eigentlich nur eine menschliche Benennung dar. Die Menschen laufen Auf und Ab, ohne wirklich vorwärts zu kommen, verschwenden ihre Energie. Diese Menschen glauben alles richtig zu machen, sie bewegen sich ja – aber eben leider in der falschen bzw. nicht zielführenden Richtung. Egal wie weit sie laufen – sie werden nie ihr Ziel erreichen. Um dieses Ziel zu erreichen reicht es eben nicht aus nur Anstrengung oder Energie einzusetzen – auf die Richtung und Bündelung der Kräfte kommt es an.

[183] Unter diesem Reich wird die dreifache Daseinsrunde (sinnlich, feinkörperlich, unkörperlich) verstanden – also das Samsara, nicht ein mystisches Totenreich mit Styx etc.

[184] Eine Ablenkung vom Weg, vom wahren Ziel. Auf einem spirituellen Weg sucht man nicht mehr das Glück der Sinnenbefriedigung sondern ein höheres Glück.

[185] Er hat das Ziel klar vor Augen, er weiß was er will und richtet sein Tun, seine Prioritäten und seine Energien entsprechend aus.

[186] Kann auch als *komplett* übersetzt werden.

[187] Es gibt keinerlei Anhaften an weltlichen Dingen mehr.

[188] Die vier Bänder: Habgier, Übelwollen, Haften an Regeln und Ritualen und Glaubensfanatismus führen zu einer immer neuen Bindung an das physische Dasein.

[189] Der direkte bzw. ursprüngliche physische Schmerz tritt nach wie vor auf, aber der Einfluss (des Schmerzes) auf diese Person ist nicht mehr gegeben.

[190] Der Schwan haftet nicht am beutereichen Gewässer in dem er aufwuchs, wenn er in die Ferne fliegt. Er hebt sich weit über diese begrenzte Welt hinaus. Haus und Hof sind eine wertvolle Basis, auf der man (sich) aufbaut und die man keinesfalls zu gering schätzen darf. Aber ab einem gewissen spirituellen Fortschritt muß man sich darüber erheben, darf sich nicht binden lassen, wenn man sich weiterentwickeln möchte.

[191] Weder materielle Dinge noch (unheilsames) Karma sollten angehäuft werden wenn man nach Erleuchtung strebt.

[192] Siehe Übersetzung; es ist sowohl die physische Nahrung für den Körper gemeint als auch die geistige Nahrung welche die Person erhält und aufbaut. Als Nahrung wird alles bezeichnet was das Persönlichkeitsbild aufbaut.

[193] Der Spur in der Welt; Mit dem Eintritt in das Parinirvana gibt es keine Wiedergeburt, also keine weltliche Spur mehr.

[194] Als Makel werden angeführt: Sinnengier, Gier nach Existenz, falsche Ansicht und Verblendung; diese werden durch die Meditationspraxis nach und nach reduziert. Zerstört werden diese Makel erst nach und nach, durch die Erreichung der verschiedenen Erleuchtungszustände.

[195] Wird auch als: *Wer in sich den Pfad zur Ruhe realisiert hat....* übersetzt.

[196] Durch jemanden angeleitet und geschult. Den Weg völlig alleine zu gehen ist nicht einfach, aber ein Lehrer oder besser gesagt ein spiritueller Freund übernimmt genau diese hilfreiche Aufgabe eines Lenkers der die Richtung vorgibt, laufen muss man aber doch selbst.

[197] Der neunfache Stolz ist damit gemeint.

[198] Es handelt sich um die drei Qualitäten, welche die Basis eines Entwicklungsweges darstellen: eine gesicherte Basis, solide Erkenntnis und Reinheit. Der erste Punkt ist eine grundlegende Eigenschaft der eigenen Umgebung die man nutzen kann. Sie ist da, wie die Erde auf der wir leben, es geht lediglich darum sich diese Eigenschaft zu Nutze zu machen. Der zweite Punkt beschreibt eine Eigenschaft, die sich aus etwas ergibt, das einmal geschehen ist bzw. geschaffen wurde und eine verhältnismäßig lange Stabilität aufweist. Diese Säule ist vergänglich, keine Frage, aber einmal aufgerichtet bleibt sie doch eine größere Zeit aufrecht und sichtbar. Ähnlich ist es mit der Erkenntnis. Auch diese bleibt sehr präsent nachdem sie einmal erreicht bzw. erlebt wurde. Man darf aber nicht vergessen dass auch diese wieder vergänglich ist. Der dritte Punkt beschreibt das Ergebnis einer Tätigkeit oder besser gesagt einer wiederkehrenden Tätigkeit. So wie man einen See immer wieder vom Schlamm reinigen muss ist es auch erforderlich die Reinheit (also die Ethik) immer wieder aufs Neue zu erzielen. Wenn man das nicht tut dann verfällt das Erreichte rasch wieder.

[199] Im Vergleich zu einem Mensch wird eine solche Person im Palitext als „Herr" tituliert (bzw. aus den Kommentaren zum Vers ist zu entnehmen, daß sich der Buddha auf einen Arahant, nämlich Sariputta bezog).

[200] Hier ist tatsächlich der Quantenraum bzw. der Möglichkeitenraum (mano) und nicht das subjektive Bewußtsein angesprochen, der friedlich wird. Die meditative Übung beeinflusst „uns" über unser subjektives Bewußtsein hinweg und wirkt sich auf das übergeordnete Bewußtsein aus. Das ist sehr bedeutend für den Entwicklungsweg über ein einzelnes Leben hinaus, da dieser Geist das Bindeglied zwischen den einzelnen Wiedergeburten darstellt.

[201] Wieder als Synonym für einen Arahant verwendet.

[202] Dieser ganze Vers ist „eigenartig" als er eigentlich negative Begriffe verwendet, die aber durch die Zusammenstellung wieder positiv werden. In seiner Struktur ist er sehr schwer übersetzbar ohne daß diese interessante reverse Struktur verloren geht.

[203] wörtlich: *das Band der Wiedergeburt*

[204] wörtlich: *Zerstörer des Fortschrittes*

[205] Den buddhistischen Pfad kann man nicht mit einem blinden Vertrauen oder einer Gläubigkeit erfolgversprechend gehen, sondern mittels weisen Erwägens. Man benötigt ein grundlegendes Vertrauen in sich Selbst und die Lehre als Basis und ist dann angehalten auszuprobieren, zu Prüfen und sich selbst ein Bild der Dinge zu machen.

[206] Arahants bzw. besonders verwirklichte Menschen beeinflussen ihre direkte Umgebung und strahlen eine besondere Energie aus. Das bewirkt zwar nicht dass sich die Menschen in deren Umgebung plötzlich alle mögen, aber eine grundsätzlich harmonischere Tendenz ist deutlich bemerkbar.

[207] Für diese Menschen ist es ein trostloser oder angsteinflößender Ort.

[208] Diese drei Verse betreffen nicht nur das geben von Vorträgen & Versen sondern auch sinngemäß das zuhören. Man muss also sehr gut wählen was man sich zuführt. Dieser Vers beschreibt, warum es möglich ist, daß man oft bzw. viele Vorträge hört, aber es erst irgendwann einmal „klick" macht und man beginnt zu verstehen. Das ist aber nicht nur vom Vortragenden sondern auch von der Situation abhängig in der sich der Zuhörer befindet, beide Seiten müssen im richtigen „Zustand" sein damit die Wirkung eintreten kann.

[209] Es ist das gleiche Mengenverhältnis wie im Vers zuvor, aber heruntergebrochen auf eine kleinere Einheit. Es muss nicht ein ganzer Vortrag, der zur Ruhe führt sein, ein Vers bzw. ein Versteil kann ausreichen wie die Geschichten von Sariputta und Maha Moggallana zeigen, welche aufgrund eines Verses den Stromeintritt (die erste Erleuchtungsstufe) erlangten.

[210] Upassammati wird mit ruhig werden übersetzt. Dem Wort entsprechend ist es aber eigentlich zur Einheit (Samma) führen – es ist also interessant, daß Ruhe und Einheit in einem Wort verpackt sind und beschreibt wunderbar den Weg der Geistesschulung.

[211] Der schwerste Kampf kann nicht mit Brutalität oder Stärke gewonnen werden, der Gegner ist zu mächtig und kennt uns zu gut. Der Gegner ist man selbst, oder heruntergebrochen – das Ich. Dieser Kampf kann nur mit den unüblichen Mitteln wie Liebe, Güte und Akzeptanz gewonnen werden. Das ist ein Sieg, der im Gegensatz zum weltlichen Gewinn nicht mehr verloren gehen kann, da ab dem Stromeintritt nicht mehr umkehrbar ist.

[212] Diese Art des Sieges – also die Selbstkontrolle oder weiter fortschreitend der Stromeintritt kann nicht durch gute Mächte oder auch gute und schlechte Mächte gemeinsam rückgängig gemacht werden. Auch bei Buddha hat es der Legenden nach Mara auf viele Arten versucht, ihm seinen Sieg (über sich und damit die Welt) streitig zu machen, ist aber daran gescheitert, der Buddha erlangte die Erleuchtung.

[213] In einer anderen Übersetzung: *versorgen*

[214] Materielle Spenden werden im Verhältnis zur mentalen Verehrung sehr deutlich relativiert. Alleine die Verehrung eines Heiligen ist bereits extrem viel wert, die Spenden an ein solches Wesen noch viel mehr.

[215] Relativiert den damals hoch geschätzten Feuerkult der Brahmanen.

[216] Ein ethischer Mensch ist hier erwähnt – es muss nicht einmal ein Heiliger sein! Man kann ein generelles Größenverhältnis ableiten – ein Heiliger hat so „umgerechnet" 100 bis 1000 fachen karmischen Effekt, ein ethisch reiner Mensch hat immer noch den vierfachen Wert eines normalen Menschen. Einen Menschen mit aufrichtigem Verhalten zu ehren beinhaltet, den besonderen Wert in diesem Men-

schen zu sehen, zu schätzen und sich als Vorbild zu nehmen und so selbst mehr Anstrengung zur ethischen Reinheit hin zu unternehmen. Aus diesem Grund hat der Buddha immer besonderen Wert darauf gelegt solche Menschen (egal welcher Konfession) zu ehren.

[217] Der Begriff kann auch mit Schönheit übersetzt werden.

[218] Also eine Form von „instant Karma" in beide Richtungen. Anzunehmen dass man dieses Anwachsen von einer göttlichen Instanz als eine Art Belohnung zugewisen bekommt ist nicht korrekt. Indem man den Wert von sittlichen Menschen realisiert und schätzt verändert man sich innerlich, richtet sich auch daran aus und verändert die karmischen Verhältnisse. Die beschriebenen Dinge sind Objekte, welche durch Karma rasch veränbdert werden können – in diesen zeigt sich oftmals rasch eine Veränderung (ohne aber dass ein Anspruch auf die Verändeurng der vier Dinge besteht wenn man das tut!).

[219] Die gute Nachricht dieses Verses ist es, daß man immer noch, auch nach einem langen unmoralischen Leben die Chance und Möglichkeit hat sich zu ändern und seinen weiteren Weg nachhaltig zu verbessern. Es ist nie zu spät sich zu ändern, da der positive Effekt die negativen deutlich überstrahlen kann.

[220] Die Übung der Meditation weist im Verhältnis zu normalem Leben einen enormen Wert auf. Darum ist es auch nie zu spät mit der Meditation zu beginnen, man kann immer noch ein ganzes Jahrhundert wettmachen.

[221] Man kann jeden Tag aufs Neue beginnen, hat die Chance neu zu beginnen, sich aufzuraffen und aus der Lethargie zu kommen. Wenn man das schafft ist es sehr wertvoll.

[222] Man kann es so sehen, daß man entweder den Pfad zur Lehre selbst oder vertieft den Pfad zum Stromeintritt erkennt.

[223] Dabei handelt es sich um das Nirwana.

[224] Der Tag der Erkenntnis ist das Wertvollste!

[225] Die direkte Übersetzung des Begriffes ist nicht ganz zutreffend. Man müsste es eher als die unheilsame Tat bezeichnen, da es um die Handlung geht und nicht um eine Eigenschaft. Es geht auch nicht um eine Personifizierung des Bösen (z.B. Luzifer) sondern ausschließlich um die Handlungen.

[226] Es ist damit gemeint: wenn man den Impuls verspürt, etwas Gutes zu tun so sollte man es machen. Wenn man zuwartet und überlegt wird einen der eigene Geist dazu bringen es doch nicht zu tun. Dieses negative Muster verstärkt sich immer mehr und unheilsame Tendenzen dominieren immer mehr, da diese oftmals angenehmer sind und eine größere Sinnenbefriedigung versprechen.

[227] Muster die man öfter wiederholt festigen sich nicht nur psychisch sondern auch physisch im Gehirn und werden damit immer konkreter und schwerer loszuwerden. Unheilsames sollte man also nicht wiederholen um zu vermeiden, daß man es in sich aufnimmt und sehr schwer wieder loswird. Die negative Tendenz bleibt (wenn auch unterdrückt) vorhanden und in ungünstigeren Situationen, wenn man

körperlich oder geistig nicht mehr stark genug ist übernehme diese unheilsamen Muster wieder das Kommando.

[228] Dieser Vers beschreibt die Nutzung des zuvor beschriebenen Mechanismus zu gutem Zweck. Durch Lernen und Elemente der (inneren) Belohnung steigt die Motivation immer mehr an und man läuft sich mit guten, heilsamen Mustern auf, welche dominanter und präsenter als die unheilsamen Muster werden.

[229] Wörtlich: verdaut – dieser Begriff ist im Sinne der Ernährung zu sehen. Man nimmt etwas in sich auf und durch die Verdauung wandelt es sich erst und wird auch für den Menschen nutzbar. Dieser Vers nimmt Bezug auf die oft gestellte Frage, warum auch Menschen, welche sich nicht richtig verhalten offensichtlich Glück und Gutes erleben. Es ist der Klare Hinweis, daß man sich nicht vom Umstand täuschen lassen darf, daß keine unmittelbare Auswirkung zu bemerken ist. Aber wenn die Tat zur Reife kommt (und das kann eben dauern) dann tritt unweigerlich das Ergebnis ein.

[230] Die Karmawirkung zeigt sich (erst) zeitverzögert. Auch wenn man bereits ethisch lebt, ja sogar Arahant ist muss man doch noch immer seine früheren Taten „ausbaden". Das heißt – auch wenn man bereits ethisch lebt und meditiert erlebt man auch schlechtes. Das bedeutet aber nicht, dass man es nicht gut genugt macht, sondern das eben – wie beschrieben – ein ganz normaler Vorgang ist.

[231] Auch viele kleine und (scheinbar) unbedeutende Dinge können sich aufaddieren. Man muß nicht etwas Großes oder besonders Schlimmes tun, viele Kleinigkeiten wirken sich auch aus. So ist es eine irrige Annahme, daß man ja nichts Schlimmes erwartet, da man ja nichts umfangreiches Schlechtes getan hat.

[232] Bei uns würde man als Gleichnis den Begriff: Steter *Tropfen höhlt den Stein* verwenden.

[233] Für das Gute funktioniert der Mechanismus in der gleichen Art und Weise.

[234] Es ist wichtig, die eigenen Schwäche und die potentiellen Verwundbarkeit sowie das daraus resultierende Gefahrenpotential zu realisieren. Im weltlichen Leben agieren wir meist danach und meiden gefährliche oder riskante Situationen. Wenn es um geistiges geht, so übersehen wir es oftmals gerne und begeben uns so in riskante Situationen.

[235] Nicht für Alle ist das Gift gefährlich, erst mit einer Eintrittspforte in den Körper entsteht die konkrete Gefahr. Solange man den unheilsamen Dingen keine Angriffsfläche gibt perlen diese ab, es ist also nicht nötig (und auch nicht möglich) sich ein völlig optimales und ungefährliches Umfeld zu suchen. Das ist das Wesen des buddhistischen Entwicklungsweges – man stellt zwar nicht die Gefahr ab, sondern wird nicht mehr durch sie beeinflusst.

[236] Von Verfehlung frei.

[237] Dieser Staub kommt breit und fein zerstäubt zurück und legt sich in einer feinen Schicht über den Werfenden, man kann ihm gar nicht entkommen.

[238] Alle Wesen bleiben im Kreislauf von Samsara, egal ob sie einmal eine menschliche, himmlische oder höllische Wiedergeburt erlangen, sie kehren doch immer

wieder. Um sich aus diesem ewigen Rad zu befreien muss man (eben) Erleuchtung erlangen.

[239] Das Karma und die (ablaufende) Lebensspanne kommen immer zur Wirkung, es gibt keine Möglichkeit ihnen zu entkommen, weder räumlich wie in den Versen beschrieben noch auf anderen (geistigen) Wegen. Die Menschen glauben zwar immer, daß es möglich ist, egal ob mittels materiellen Dingen oder mit besonderen religiösen Praktiken. Umso schmerzhafter ist es zu erkennen, daß es kein Entrinnen vom Karma gibt, nur die Auswirkung des Selbst geschaffenen ist beeinflussbar.

[240] Der Tod ereilt jedes Wesen auf jeden Fall. Es gibt keine Möglichkeit das zu unterbinden, egal wie gesund man lebt, was man tut oder welche Dinge man zu sich nimmt – so muß man doch Sterben. Das ist keine „Niederlage" sondern ein ganz natürlicher Vorgang, eine Folge der Geburt.

[241] Was du nicht willst, daß man dir tut... Interessanterweise dehnt sich hier der Focus der Betrachtung auf alle Wesen, nicht nur andere Menschen aus.

[242] Das nimmt den Menschen umfassend in die Pflicht, da man sich nicht herausreden kann es nicht selbst gemacht zu haben. Das zeigt sich beispielsweise in den Mönchsregeln (kein essen von Fleisch, wenn das Tier für sie geschlachtet wurde). Wie weit das geht (z.B. Vegetarierdiskussion) muß Jeder für sich selbst herausfinden, hier ist das eigene Gewissen der Maßstab.

[243] Die karmische Auswirkung: jemanden vom Glückstreben abzuhalten oder gar zu verletzen hat eine (unangenehme) Auswirkung auf die eigene Zukunft, auf das eigene künftige Glücksstreben.

[244] Das ist eine weltliche Logik und Handlungsanweisung. Das ist eine einfache Form von Karma, als daß sie die sofortige Auswirkung einer Handlung beschreibt und uns ermöglicht (anders) danach zu handeln. Das Ziel sollte nicht nur in der Meditation sondern auch im Leben die Einheit sein. Das Ziel sollte man immer auf Gemeinsamkeit, Verbindung legen und nicht die Eskalation und die Trennung.

[245] Einmal angeschlagen hallt er lange nach. So ist auch die Erfahrung mit dem Ego, ein kleiner Auslöser und die Auswirkung, das Nachschwingen dauert extrem lange an. Man kann sich auch Jahrzehnte nach einem Ereignis immer noch daran erinnern und echte Gefühle wie Wut oder Schmerz darüber empfinden. Eine andere Übersetzung lautet: wie ein zerbrochener Broncetopf (der gibt keinen Klang mehr von sich). Beide Übersetzungsvarianten sind im Kontext valide.

[246] Die meisten Wesen merken nicht einmal, wo es hingeht und lassen sich blindlings vom Hirten leiten. Obwohl es sich um mächtige Tiere handelt, welche ohne weiters eigene Wege gehen könnten folgen sie doch den Anweisungen des Hirten, da sie nicht die gesamte Situation überblicken (also verblendet sind) aber im Gegensatz zur Weide auf welche die Stiere geführt werden ist das Ziel für die Menschen nicht so angenehm.

[247] Ein Tor versteht nicht, warum er gepeinigt wird, er fühlt sich vom Leben ungerecht behandelt und macht also weiter oder steigert aus dem resultierenden Frust

noch seine unheilsamen Aktivitäten ohne zu merken, daß er selbst es ist der für die Peinigung sorgt.

[248] Die Verse 137, 138, 139 und 140 gehören zusammen.

[249] Konkret: Entzug von Posten oder Rechten, heute würde man sagen: Probleme mit dem Staat oder der Regierung.

[250] Das Attackieren eines unschuldigen Wesens hat sehr heftige, mehr oder weniger harte Konsequenzen – die meisten davon bereits in diesem Leben. Wenn sich die Auswirkungen nicht in diesem Leben zeigen, so ist mit einer sehr ungünstigen Wiedergeburt (Hölle) zu rechnen. Diese Versfolge beschreibt in sehr drastischer Art die (mögliche) unmittelbare Karmaauswirkung.

[251] Der Buddha lehnte die hinduistische Askesepraxis ab. Das (Selbst)kasteien bewirkt nichts solange der Zweifel als das stärkste Hindernis vor dem Stromeintritt (noch) nicht überwunden ist. Der Weg der Reinheit ist ein Lern-, Übungs- und Erkenntnisweg der zur Zweifelsüberwindung führt (Zweifelsüberwindung ist einer der Punkte an denen der Stromeintritt „gemessen" wird).

[252] Der hier gemeinte Schmuck ist nicht weltlicher Art oder körperlicher Quelle, hier ist der spirituelle Schmuck gemeint.

[253] Beim guten Pferd (das ein Fluchttier ist) reicht ein kleines Zeichen völlig aus, ein Schlag mit der Peitsche ist nicht nötig. Bei weisen Menschen ist es ähnlich, das Schamgefühl als Hinweis reicht völlig aus um heilsame Taten zu tun und unheilsame bzw. unethische Taten zu lassen.

[254] Der Tod, die Wiedergeburt und das damit verbundene - immer wieder kommende Leid ist bei richtiger Betrachtung ein Schrecken, der ergriffen macht und die Motivation zur Übung des achtfachen Pfades darstellt. So wie bei einem Pferd, wo die Berührung der Peitsche ausreicht sollte auch die geringfügige Berührung dieser Dinge ausreichen um den Schrekcen auszulösen.

[255] Ein Pferd, das rasch läuft (das Pferd ist ein Fluchttier) läßt die unangenehmen Dinge und Gefahren hinter sich zurück. Ähnlich ist der spirituelle Entwicklungsweg charakterisiert, die unheilsamen Dinge bleiben zurück, man muss sie nicht zurückdrängen oder abschneiden, es reicht sich rascher weiterzuentwickeln als dass Leid nachfolgen kann.

[256] Vergl. DHP 89

[257] Das Brennen, das Leid kommt immer wieder und bleibt solange man sich in Samsara bewegt. Und da bleibt man so lange man nicht das Nirwana erlangt hat - ohne Aussicht auf Veränderung.

[258] Siehe die entsprechende Lehrrede („Brandrede").

[259] Wir sind im Dunklen, sehen nicht klar und freuen uns des (verblendeten) Daseins. So stellt sich für einen Erleuchteten die Frage, warum wir nicht etwas suchen, das uns die Umgebung erhellt und klar darstellen kann, warum wir uns mit dieser Dunkelheit zufrieden geben.

[260] Wie in der bedingten Entstehung beschrieben – Namarupa ist eine Folge bzw. Auswirkung der geistigen Vorgänge, welche aus dem subjektiven Bewußtsein (Citta) bzw. dessen Tendenz nach einem physischen Dasein entspringt. Das sub-

jektive Bewußtsein benötigt (in dieser Welt) einen körperlichen Träger und ist so der stärkste Treiber zu einem körperlichen Dasein. Der Körper ist nicht das Höchste und Beste, er ist nicht zufriedenstellend, bedarf immer der Pflege und Erneuerung. Ohne daß man sich mit ihm beschäftigt verfällt er rasch.

[261] Auf diese Weise hat der Buddha im Alter seinen eigenen Körper beschrieben. Auch er musste sich mit einem verfallenden, kranken und problembehafteten Körper herumschlagen – obwohl er ein vollkommen Erleuchteter war.

[262] So wie der Ölkürbis in der Steiermark, die Kerne sind geerntet (weil von Interesse) – es liegen nur noch leere Fruchtkörper ohne weiteren Wert herum, welche verfaulen und zerfallen und erst so wieder als Dünger von Bedeutung sind.

[263] Wir müssen uns immer wieder darauf besinnen, daß wir der Kürbis und nicht nur seine Kerne sind.

[264] Der Körper ist der Träger des Geistes, unheilsame Gedanken (Muster) entspringen genau so wie die unvermeidbare Tatsache, daß dieser Körper ab seiner Geburt verfallen muss und letztendlich stirbt.

[265] alternativ übersetzt: *ein machtgieriger Geist*

[266] bzw. *Scheinheiligkeit*

[267] Der Begriff steht als Synonym für prächtige, schöne Gebilde.

[268] Dhamma (Anicca) ist unvergänglich da es eine Logik beschreibt, also selbst der Verfall ist.

[269] Es gibt nur einen Zuwachs im weltlichen und nicht im Zeitlosen. Auch ist der (weltliche) Zuwachs nicht für folgende Generationen wertvoll, da sich der Ochse nicht fortpflanzen kann.

[270] Jenen, der für die Wiedergeburt sorgt, in letzter Konsequenz ein Synonym für das Begehren (manchmal in der Form von Mara personifiziert). Dieser Vers beschreibt die lange, bis dahin erfolglose Suche nach dem Antrieb, der uns immer wieder in ein neues Dasein bringt. Es ist wohl eine der großen (spirituellen) Fragen wer oder was es ist (wenn man an Wiedergeburt glaubt).

[271] Die Leidenschaft wird als das zum Giebel (der Unwissenheit) hinführende Element beschrieben, Sparren gibt es viele, diese stützen gesamthaft den Giebel.

[272] Die Unwissenheit ist der Giebel, also jener Punkt wo alles zusammen kommt und der alles (in dem Fall die Wiederkehr in Samsara) zusammenhält. Die Beschreibung von Gier und Unwissenheit entspricht der zweiten edlen Wahrheit.

[273] Die Konsequenz ist: entweder man wird gleich Mönch (schult sich spirituell) oder schafft sich eine materielle Basis für das Alter. Aber weder das Eine noch das Andere zu machen führt zu Klage und Jammer, da man dann realisiert was man versäumt hat. In dem Vers ist sehr interessant, daß Buddha nicht primär den Mönchsstand empfiehlt sondern vielmehr seine Jugendzeit gut zu nutzen, ob materiell oder spirituell ist einerlei. Was er aber als schlecht ansieht, wenn man mit dieser Zeit gar nichts tut.

[274] Bedeutende Grundlage für jene die Lehren wollen, wenn man lange Zeit nur nimmt, egal ob materiell oder spirituell und nicht einer gewissen Nachhaltigkeit

oder Vorsorge Rechnung trägt so bleibt einen irgendwann nur die Klage wenn die Dinge ausgehen oder nicht mehr vorhanden sind wie man es sich erhofft hat.

[275] Es gibt kein zurück mehr, die Bewegung und Geschwindigkeit ist bereits aufgenommen. Wenn das Leben einen gewissen Fortschritt erreicht hat sind manche Dinge nicht mehr änderbar – man muss mit dem Umstand leben.

[276] Wer sich selbst etwas wert ist und sich etwas nachhaltig Gutes angedeihen lassen möchte.

[277] Die Nachtwache wird neben der Beschreibung der Phasen einer Nacht nach Nyanaponika als die drei Lebensabschnitte (Jugend, gesetztes Dasein, hohes Alter) gedeutet, man soll zumindest einen Abschnitt davon meditativ verbringen. Vor allem diese zweite Auslegung gibt dem Vers eine große Bedeutung als Anweisung für das ganze Leben.

[278] Das Wort, das auch als *wachen* übersetzt wird steht dafür, diesen Abschnitt geistig klar und wach zu verbringen. Es ist besonders wichtig, daß hier nicht einer der Begriffe, welche für Meditation im engeren Sinne stehen verwendet wird, sondern dieser Begriff, welcher eine viel weitere, nicht so einengende Charakteristik aufweist.

[279] Es ist eine doppelte Gefahr wenn jemand, der noch nicht in den Strom eingetreten ist lehrt. Einerseits für die Schüler, da sie keine persönliche, tiefe Erfahrung des Lehrenden übermittelt bekommen und andererseits für den Lehrenden selbst, da die Gefahr von Stolz, Dünkel und einem anwachsenden Ego besteht, welche ihn selbst an der Weiterentwicklung hindern können.

[280] Vorbildwirkung; Lehren durch das persönliche Beispiel und Vorbild wird auch im Buddhismus groß geschrieben.

[281] Auch als einziger übersetzt. Nur bei und durch uns selbst können wir Schutz finden, vor allem gegenüber den „inneren" Gefahren. Gegen diese kann niemand Anderer helfen. Man kann zwar Anweisungen und Tipps von Lehrern oder spirituellen freunden erhalten aber agieren kann bzw. muss man selbst.

[282] Das ist ein absoluter bzw. überweltlicher Schutz.

[283] Egal wie stark etwas ist – es wird zermalmt werden. Der Diamant entsteht im Fels und kann seinen eigenen Ursprung letztlich zermalmen. Die Auswirkung der Tat ist mächtiger als der ursprüngliche Auslöser, zu glauben dagegen Widerstand leisten zu können ist eine Illusion.

[284] Eine Liane bringt über die Dauer hin den Baum um, der sie getragen hat. Lange Zeit ist es nur eine aufsitzende Pflanze ohne sichtbare Gefahr, doch sobald ihre Wurzeln von oben herab den Boden erreicht haben wird der tragende Baum, der dann nicht mehr benötigt wird zum Absterben gebracht. Die hier angeführte Sittenlosigkeit hat ähnlich (wenn sie sich verwurzelt) schlimme Auswirkungen, welche in einem drastischen Bild beschrieben werden.

[285] Unheilsames ist in vielen Fällen leichter zu tun. Oft passiert es ganz automatisch – eher aus der Unachtsamkeit heraus. Etwas Heilsames zu tun ist eine bewußte Ent-

scheidung die man immer wieder aufs Neue treffen muss (am Anfang, wenn das Muster noch nicht vertieft ist).

[286] Bambus stirbt nach der Blüte bzw. dem Tragen der Frucht ab. Die Blüte – das Schönste und Höchste einer Pflanze sorgt doch für deren Untergang. Ein anderer Blickpunkt wäre, daß über die Blüte eine Form der Erneuerung erfolgt. Die Pflanze stirbt zwar aber aus den Samen entsteht wieder eine frische, neue Pflanze.

[287] Man muss selber üben und lernen – es kann einem zwar (durch einen Lehrer, Freund, o.Ä.) geholfen werden, man kann belehrt werden und wertvolle Hilfestellungen bekommen, aber machen muss man es ganz allein in eigener Verantwortung.

[288] Man muss für sich selbst arbeiten – das ist vor allem als Lehrer und spiritueller Freund sehr wichtig. Erst muss man auf sich selbst schauen, für sich selbst trägt man auch die Verantwortung. Nur wenn man selbst vorwärts kommt und Stabilität erlangt hat kann man auch für Andere da sein. Dieser Vers weist auch darauf hin, das im Mahayana bedeutende Bhodisattvaideal nicht falsch zu verstehen. Das Gelübde abzulegen allen Wesen zu helfen ist gut, aber man kann erst umfassend helfen und für alle Wesen tätig werden.

[289] Man muss darauf achten, von wem man sich belehren läßt, wen man als seinen-Lehrer bzw. Lehrerin wählt. Der Buddha fordert von uns weise zu entscheiden, wem wir zuhören möchten oder welcher Lehre wir unser Vertrauen schenken wollen.

[290] Das beschreibt allesamt Pfade zum Leid.

[291] Man muss die eigene Energie und die Meditation einsetzen.

[292] Auch als „der Kern übersetzbar. Es ist noch nicht das letztliche und endgültige Nirwana, aber man bekommt einen (ersten) Geschmack davon, eine Idee wie diese Wahrheit aussehen könnte.

[293] Der Effekt tritt bereits in jetzt ein.

[294] Man darf Dinge durchaus falsch machen, aber nachdem man darauf hingewiesen wurde sollte man es nicht mehr tun.

[295] Diese Formuliwrung ist etwas schwer zu übersetzen. Es ist gemeint, jemand kostet Wahrheit, Nirwana – die Erleuchtung.

[296] Dieser Begriff der Blase ist als Schaum auf einem Fluss oder vielleicht zutreffender als Illusion bzw. Fata Morgana zu deuten.

[297] Wenn man Anatta realisiert hat, dann gibt es keine Person mehr, bzw. nicht mehr die Illusion einer Person, welche sterben kann. In dieser Art und Weise kann man vom Tod nicht mehr gesehen werden, da es für ihn nichts mehr zu sehen gibt. Es fordert von uns den richtigen Umgang mit Erfolg und schönen Dingen – das Nicht-Anhaften bringt die Freiheit.

[298] Realisieren der inneren und äußeren Wahrnehmung.

[299] Man erkennt es als etwas, das zwar schön anzusehen ist, das einem aber nicht gehört, an dem man nicht anhaften kann. Im Gleichnis ist gezeigt, daß diese schönen Dinge jemand Anderen, einer höheren Instanz gehören.

[300] Das Verschwenden der Zeit ist wie eine Wolke, eine Trübung die vor der Klarheit und Helligkeit des Mondes steht, welcher immer vorhanden war und ist. Diese Trübungen können leicht weiterziehen und geben dann den Mond wieder voll frei. Man kann es abwarten – Wolken bleiben nicht fix am Himmel stehen.

[301] Erweiternd zum vorherigen Vers – wenn jemand schlechte Taten läßt bzw. sie durch gute aufhebt oder korrigiert, der ist selbst wie der Mond der aufgeht und klar und hell strahlt.

[302] Das Problem der Verblendung wird hier plastisch beschrieben. Wir sind wie der Vogel der in der Schlinge gefangen ist, und wie der Vers zeigt – aus der man sich leicht befreien kann. Das Problem ist aber unsere Blindheit, der Umstand, daß wir uns (noch) gar nicht bewußt sind in einer Schlinge zu sein.

[303] Auch als *übernatürliche Kräfte* übersetzbar.

[304] Mara ist ja der personifizierte Versucher, also jener, der alles daran setzt, dass man nicht Weisheit und Befreiung erlangt. Er hat vielerlei Möglichkeiten, ab es nun ein kleiner Schmerz ist oder wie im Fall Buddhas eine ganze Armee schrecklicher Geister. Den Sieg erlangen die Weisen nicht durch die Konfrontation sondern durch das beharren auf dem (guten) Weg, durch das nicht-zurückweichen. Die Konfrontation (Aggression) ist perfide, da es genau in Maras Welt zurückführt.

[305] Das Karma und seine Konsequenzen negiert.

[306] Jemand, der belehrt bzw. informiert wurde, es aber nicht annimmt und in sein Leben umsetzt ist zu Allem bereit, er tut das unheilsame willentlich, mit vollem Bewußtsein (der möglichen Konsequenzen). Er handelt nicht aus Unwissenheit sondern aus Gier und Aversion in einer ungebremsten und unkontrollierbaren Variante.

[307] Das Geben (Dana) hat nicht nur eine weltliche Konsequenz sondern spirituelle; eine Übung des Loslassens. Ohne Loszulassen ist eine himmlische Welt nicht erreichbar. Der ganz extreme Umbruch ist es von gaben zu leben – also sich genau in die Abhängigkeit des Gebenden zu bringen.

[308] Dieser Vers ist als deutliche Aufforderung zu sehen – man kann ja laut Buddha den Stromeintritt in diesem Leben erreichen (jeder Mensch) und hier zeigt er wie wertvoll dieser Schritt ist.

[309] Der höchste Sieg (um den es hier geht) hat keinen Verfall. Nirwana ist das einzige, das nicht der Vergänglichkeit (Anicca) unterworfen ist, da es sich über die polare/duale Welt hinweg erhebt.

[310] Bzw. seinen Weg erkennen (die Übersetzung dieser Zeile ist sehr schwer und z.T. inkonsistent). Man könnte es auch so deuten, daß Er (bzw. sein Pfad) nicht zerstört werden kann, da ja die Person nie existierte (Anatta).

[311] Die klassische weltliche Existenz pendelt zwischen Wollen und Nicht-Wollen; das ist der normale Output der Geistesformationen. Wenn man sich davon löst ist es nicht so, daß man verschwindet aber die Art der Existenz im Jetzt ändert sich kräftig.

[312] Durch bzw. in den meditativen Vertiefungen sind die Hindernisse abwesend – es herrschen verschiedene Grade des Friedens. Erlangt wird diese Vertiefung durch

die Entsagung (von den weltlichen Dingen). Das heißt aber nicht Askese oder Selbstkasteiung – man entsagt den Fesseln, Hindernissen und Störungen.

[313] Der Begriff bedeutet auch erleuchtet.

[314] Im Westen würden wir es wohl als Engel bezeichnen. Die Vertiefungszustände sind so friedvoll, daß selbst Engel sie gerne erleben würden.

[315] Mit Problemen behaftet, aber auch in der Bedeutung von selten, schwer zu erreichen, oder auch wertvoll übersetzt.

[316] Es ist nicht einfach an die Lehre zu kommen und noch viel aufwändiger (und damit auch wertvoller) die Erleuchtung zu erlangen.

[317] Alternative Übersetzung: Schwer bzw. selten kommt es zur Geburt eines Buddha.

[318] Läutern von den fünf Hindernissen. Kompakt und einfach beschrieben, aber doch so schwer und aufwändig ist es zu erreichen. Das Richtige zu tun und sich geistig weiterzuentwickeln hat der Buddha (in kürzester Zusammenfassung) gelehrt.

[319] Dieser Vers bezieht sich nicht nur auf den historischen Buddha sondern trifft eine Aussage für alle Buddhas (der Vergangenheit und der Zukunft).

[320] Das war die vorherrschende hinduistisch-brahmanische Meinung in der Zeit Buddhas.

[321] Gewalt und das Erreichen von Nirwana widersprechen sich, darum wird wiederholt die Gewaltlosigkeit gelehrt.

[322] Die Ordenszucht einhalten.

[323] Hier wird aber ein etwas anderer und seltenerer Begriff verwendet, nämlich *adhicitte* – der im tieferen Sinn eigentlich Bewußtseinsanalyse bedeutet und eigentlich in die Richtung von Vipassana weist.

[324] Das Bild beschreibt die Unermesslichkeit der Gier, selbst wenn es Geld regnet würde die Gier noch immer anwachsen und man mehr wünschen. Dieses Verhalten kann oft im täglichen Leben beobachtet werden, wenn bereits reiche Menschen mit allen Mitteln, beispielsweise hochriskanten Spekulationen versuchen noch reicher zu werden (und dabei auch Alles verlieren können).

[325] Auch als *unbefriedigend* übersetzt.

[326] Selbst der Wunsch nach den feinsten Sinnen die wir kennen, welche wir mit himmlischen Welten oder Göttern assoziieren ist doch eine Gier, welche ein erneutes Dasein bedingt. Auch wenn es auf den ersten Blick ein sehr wünschenswertes Dasein ist (wer möchte schon nicht gerne ein himmlisches Wesen sein) ist es doch so dass damit weitere Geburten – warscheinlich auch wieder schlechtere verbunden sind – man also im Daseinskreislauf verbleibt.

[327] In der logischen Weiterentwicklung, da der Buddha ja nicht mehr physisch verfügbar ist kann man diese Aussage auch als die Lehr- und Übungsgemeinschaft ansehen, als jene Menschen welche gemeinsam das heilsame üben. Jemand, der sich auf dem Weg Buddhas übt hat eigentlich nur einen Wunsch, die (geistige) Nähe mit der Erleuchtung.

[328] Das beschreibt die Ort an denen Menschen früher Zuflucht und Schutz gesucht haben. Heute würden wir an der Stelle wohl auch noch Geld, Macht, Urlaubsreisen oder Wellnesshotels anführen.

[329] Eine weltliche Zuflucht kann in einem Moment hilfreich sein und Schutz bieten, aber auch diese Zuflucht ist dem Lauf des weltlichen, der Veränderung und dem Verfall unterworfen.

[330] Durch eine solche Zuflucht...

[331] Sich von allem Leid befreien, da es eine überweltliche Zuflucht ist.

[332] Auch die Umgebung profitiert von einem Edlen, er strahlt etwas Positives in seine Umgebung aus.

[333] Es werden drei historische Tatsachen als Glück angeführt, das letzte Glück beruht jedoch alleine auf der Persönlichkeit des Übenden. Dieses Glück ist aber gleich viel wert wie die großen beschriebenen historischen Gegebenheiten. Die drei besonderen historischen Tatsachen sind bereits geschehen – nun liegt es an uns dieses vierte Glück Realität werden zu lassen.

[334] Der Verdienst, alleine ein befreites Wesen zu verehren, ist bereits unermesslich.

[335] Solchen Ehre zu erweisen beinhaltet nämlich zwei bedeutende Aspekte. Einerseits ist das ein Wissen und Erkennen – nämlich die beschriebenen Eigenschaften zu erkennen und für sich zu entscheiden wer verehrenswert ist und wer nicht.
Der zweite Aspekt ist das (Ver)ehren selbst. Dieser Vorgang bedingt, daß bereits eine Verändern in der Person stattgefunden hat, das eigene Ego wird etwas zurückgenommen wen man Jemand Anderen Ehre erweist.

[336] Ist eigentlich als *vollkommen glücklich* zu übersetzen.

[337] Als Praktizierender muss man nicht (mehr) mit allen mitmachen, man hat eine wertvolle Zuflucht (wie in 189 beschrieben) – eben eine hassfreie Insel. Es ist nicht nötig, sich von anderen Menschen abzusondern, man kann diese Zuflucht in sich selbst finden und muss dazu nicht seine äußere Erscheinung grundlegend ändern.

[338] Der Buddha meinte damit geistig gesund mit einem gut ausgerichteten Geist.

[339] Die sichere und gute Zuflucht gibt Energie und sorgt für Motivation.

[340] Der Vers bezog sich auf eine Situation als der Buddha an einem Ort keine Almosen bekam, und von Mara höhnisch gefragt wurde ob er hungrig sei.

[341] Die (beiden) Extreme des weltlichen Daseins, von Samsara sind nicht zufriedenstellend und führen nicht zum Glück. Selbst der Sieg ist bei genauerer Überlegung nicht das was man sich selbst eigentlich wünscht. Erst das transzendieren der Dualität ist tiefes Glück.

[342] Aus der Illusion eines Ichs, aus den fünf Daseinsgruppen des Anhaftens resultiert das stärkste Leid.

[343] Das ist eine Umschreibung für Nirwana.

[344] Krankheit kann dauerhaft geheilt werden, der Hunger aber nicht, er kommt wieder. Mit dem Hunger ist in diesem Kontext die Unersättlichkeit gemein, daß man nie genug kriegen kann.

[345] Daseinsprozesse, Gestaltungen bzw. Geistesprozesse sind dann ärgstes Leid wenn man sie frei und ungebremst laufen läßt.

[346] Reichtum kann man sich erarbeiten, etwas dafür tun, sich anstrengen. Die Zufriedenheit kommt indirekt, durch Ruhe und Wunschlosigkeit. Ein Freund ist Jemand, den man kennenlernen muss – Freudschaft muss man sich verdienen bzw. erarbeiten, sie erhalten und pflegen. Das höchste Glück als Konsequenz spricht für sich selbst.

[347] Die Prioritäten und Ausrichtungen dieser Menschen ändern sich – von innen heraus ohne sich selbst beschränken zu müssen.

[348] Darunter versteht man Meditation im Generellen bzw. Vipassana im Speziellen.

[349] Der Satz ist nicht so zu verstehen, daß man Toren räumlich meiden soll bzw. ihnen aus dem Weg gehen soll. Es geht eigentlich darum, das törichte Verhalten nicht zu treffen – also nicht der Versuchung des weltlichen Glücks zu verfallen.

[350] Auch hier geht es nicht um die räumliche Umgebung, die man sich schafft sondern um die geistig-intellektuelle Umgebung die man sucht bzw. die man sich schafft.

[351] Die beiden Elemente gehören untrennbar zusammen.

[352] An der anhaftenden und besitzenden Variante der Liebe, welche eigentlich nicht in der Offenheit sondern in Gier und Aversion fußt. Dabei könnte man es selbst tun, wofür man andere Wesen beneidet – man muss sich (eigentlich) nur aufraffen. Der Neid aud andere Menschen entsteht erst spät, dann wann diese Form der Liebe ihre unangenehme Seite zeigt.

[353] Oder um es mit einem Songtext zu sagen: If you love somebody set him free. Mit dem Eingehen von Bindungen, egal ob ein Zusammengehen oder eine Abneigung begibt man sich immer in das Leid.

[354] Weggehen, Trennung; Grundsätzlich darf (auch in diesem Vers) die anhaftende Liebe und offene Liebe (Metta) nicht verwechselt werden. Erstere bringt früher oder später Leid, zweitere befreit.

[355] Da sie sich über die Dualität hinausbewegen.

[356] Der Begriff ist schwer im Vers-Sinn zu übersetzen. Er bedeutet ehren, ergeben sein, unterwürfig sein. Vielleicht ist es (in der Folge der Verse) als Schwärmerei o.Ä. aufzufassen ?

[357] Das entspricht der Loslösung von der Dualität – wenn schon nicht im Erleben von Nirwana, dann zumindest das 8. Jhana.

[358] Liebe im Sinn von Anhaftung, Affection → Liebes

[359] Darunter kann sowohl die Lust an und für sich als auch die Lust an den 5 Sinnen verstanden werden.

[360] Die Abfolge der Verse könnte man als Bedingungskette ansehen; die Reihe bzw. die Folge stellt klar dar, wie Eines zum Anderen führt.

[361] Das ist die Schulung in Ethik, Geistesschulung und Weisheit.

[362] Das Anwachsen der sozialen Kompetenz ist ein „Nebeneffekt" der oft bei der spirituellen Übung beschrieben wird. Ein geläuterter Geist wird auch von anderen Menschen (unbewusst) bemerkt und geschätzt.

[363] Damit wird das Nirwana umschrieben.

[364] Mit dem Ziel der Erlösung vom Leid (egal ob man es als Nirwana tituliert oder nicht) und einem nicht-Anhaften bewegt man sich zum Stromeintritt hin.

[365] Vergleiche: Das Thema ist gleich wie jenes im Gleichnis vom verlorenen Sohn. Man freut sich am Widersehen, man trifft sich wieder.

[366] Das Karma zeigt seine Wirkung – auch hier trifft man sich erneut, so wie im vorherigen Vers beschrieben.

[367] Der Begriff Namarupa wird auf zwei Weisen übersetzt. Entweder als Name/Benennung und Form (z.b. in der bedingten Entstehung) oder auch oftmals als Geist und Körper. Die Anhaftung an beiden Varianten soll man sein lassen, einerseits am Konzept eines Ichs, das aus Körper und Geist besteht. Viel interessanter ist die Variante Benennung und Form zu lassen. Durch die Benennung schaffen wir (in unserem Geist) die Dualität – indem etwas als Objekt benannt wird gibt es dieses Objekt und das was nicht dieses Objekt ist. Benennung teilt unsere Welt ein und schafft unsere subjektive Realität (in der wir gefangen sind). Wenn wir das überkommen können so verblasst auch die subjektive Realität und die absolute Realität, die Wahrheit kann zum Vorschein kommen.

[368] Da er kein schlechtes Karma mehr erzeugt, das auf der Illusion der Polarität oder der Person beruht.

[369] Und sind dabei nur Passagiere. Das Lenken des Wagens (des Lebens) in die eine oder andere Richtung ist nur die Illusion der Kontrolle, tatsächlich beherrscht man den Wagen nur dann, wenn man auch die Geschwindigkeit und nicht nur die Richtung verändern kann.

[370] Es ist so, daß nicht das Gleiche etwas dauerhaft aufhalten oder verändern kann, der Ansatz ist zum Scheitern verurteilt (z.B. auf Boshaftigkeit mit Boshaftigkeit reagieren). Der Buddha vertritt hier einen konträren Ansatz: Das (positive) Gegenteil ist dazu geeignet etwas zu beenden. Es widerspricht zwar völlig unserer Logik und Ansicht aber einen Versuch ist es ja wohl wert.

[371] Den Orten der Engel bzw. Götter. Ein ethisches Leben, auch wenn es sonst nicht besonders religiös geführt wird bringt auf jeden Fall eine himmlische Wiedergeburt.

[372] Es handelt sich um Nirwana. Es darf aber aufgrund dieser bildlichen Darstellung nicht fälschlich darauf geschlossen werden, dass Nirwana ein Ort sei.

[373] Ein wachsamer Geist (Mano) führt dazu, daß sich der/die Übende dem Nirwana zuneigt, also wie auf einer schrägen Ebene ganz von selbst dem Nirwana entgegenrutscht. Die Triebe vergehen so von selbst, man muss sie nicht (mit Brutalität) eliminieren, sondern eigentlich ist es mehr ein verkümmern lassen.

[374] Ein Mönch, der dem Buddha eine Beschuldigung berichtet hat.

[375] Man kann es (manches Mal) der Welt bzw. seiner Umgebung nicht recht machen. Egal was oder wie man es macht, es fühlt sich Jemand dadurch angegriffen bzw. zu Kritik aufgefordert. Man muss damit leben kritisiert zu werden – egal was man tut. Die Welt kann so gesehen nicht als Maßstab dienen.

[376] Wir leben in der Dualität – man muss (zumindest in einem menschlichen Dasein) beide Seiten erleben. Man kommt dem nicht aus. Eine Seite kann ohne die Andere

gar nicht existieren (vgl. bedingte Entstehung). Wenn man kritisiert wird so zeigt der Vers dass das passieren muss, aber auch vor dem Hochmut sei man gefeit – früher oder später erfolgt Kritik.

[377] Ein sehr schönes Symbol – er ist edel und endlos, ohne Beginn und ohne Ende.

[378] Mano (nicht citta – das subjektive Bewußtsein).

[379] Die Summierung der vorherigen Verse: wenn man Handlung, Sprache und Gedanken beherrscht, so ist man vor den Abwegen geschützt.

[380] Mit der Geburt beginnt man bereits zu welken, der Prozess des Verfalls hat schon begonnen und ist nicht umkehrbar, lediglich die Geschwindigkeit kann verzögert werden - der Körper altert und verfällt. Wenn man sich das bewußt macht, daß man an der Grenze steht, so legt man (geistige) Vorräte an. Diese Vorräte sind es, welche wir am Weg durch das Bardo benötigen – also geistige Ruhe, Stabilität und Erkenntnis.

[381] Mach dich in deiner geistigen Stabilität und im spirituellen Fortschritt nicht von Anderen abhängig. Als Insel inmitten eines Stromes ist man selbst stabil und fest.

[382] Hier folgt die Anweisung wie man sich auf seinen Tod (der im vorherigen Vers angesprochen wurde) vorbereiten soll – insbesondere wird auf die Dringlichkeit hingewiesen (rasch) da man ja seinen Todeszeitpunkt nicht kennt.

[383] In diesem Vers ist (anders als in anderen Erwähnungen) eine himmlische Wiedergeburt das Ziel.

[384] Der Buddha adressierte hier alle Menschen – man weiß ja nicht wie nahe man selbst bereits am Tod steht. Es ist eine Illusion zu denken, aufgrund der Jugend oder Gesundheit vor dem Tod gefeit zu sein und noch lange zu leben.

[385] Die Unreinheit bringt uns immer wieder in der Form von Gier und Aversion in ein erneutes Dasein, läßt uns immer wieder Geburt, Alter und Tod erleben.

[386] Man wird nicht auf einmal, mit irgendeinem großen Ereignis oder einer göttlichen Gnade rein, es ist ein kontinuierlich fortschreitender Prozess, es ist die kontinuierliche Arbeit an sich selbst, welche zur Befreiung führt.

[387] Man wird im Hier und Jetzt frei bzw. rein. Man kann nur den jeweils aktuellen Moment beeinflussen, danach folgt der nächste Moment,....

[388] Mit den geeigneten Utensilien (Lappen, Politur,..) werden immer wieder die Flecken und Verunreinigungen bearbeitet bis diese immer weniger werden und schließlich nicht mehr erkennbar sind. So wandelt sich ein Gegenstand der stumpf und abgegriffen ist in ein funkelndes und glänzendes Stück.

[389] Das Anhaften an den Mönchsutensilien ist im Kommentartext zu diesem Vers gemeint. Der Rost zerstört die eigene Basis, braucht sie auf und macht sie wertlos. Wenn man später einmal den Rost entfernt so ist auch das Eisen nicht mehr da. Gleich ist es mit den ungünstigen Taten. Wenn man diese lange Zeit wirken läßt verliert man seine eigene Basis und es reicht nicht mehr aus nur die Taten zu lassen. Dann ist beispielsweise kein Selbstwert mehr gegeben und man muss erst wieder die eigene Basis aufbauen bevor man vorwärtsschreiten kann.

[390] Das nicht-üben von religiösen/spirituellen Texten entwertet sie (für die Person welche das macht), sie bringen nichts. Wer im Heim bzw. zuhause träge ist entwertet sein Dasein, alles verkommt und verlottert, die Bemühungen und Entwicklung wird konterkariert. Der soziale Stand bzw. soziale Erfolg hat die Gefahr, daß man der Trägheit anheimfällt, sobald man seinen gewünschten Aufstieg erreicht hat und sich auf den Lorbeeren ausruht. Der Hauswächter spricht für sich selbst – wenn er schläft kann er seiner Aufgabe nicht nachkommen.

[391] Die Übersetzung meint hier konkret: Fremdgehen; Das Fremdgehen entwertet die intime und innige Beziehung. Wenn man etwas gibt und dabei gierig ist, so bringt man sich selbst um die Freude und positiven Erfahrungen die man aus dem Geben bekommen kann.

[392] Wenn man den höchsten Makel, die Verblendung überwindet so folgen alle anderen, geringeren nach.

[393] Die Schamlosigkeit ist (scheinbar) einfach, so lebt es sich leicht – es findet sich rasch eine Gemeinschaft Gleichgesinnter, die sich auch noch gegenseitig aufbauscht und anstachelt.

[394] Der Versuch nach Reinheit zu streben ist nicht leicht – der Buddha sagt hier deutlich, daß es nicht einfach und glatt abläuft, sondern deutliche Widerstände überwunden werden müssen, sowohl im weltlich-sozialen Leben als auch in der geistigen Übung.

[395] Wenn man die Wurzel einer Pflanze ausgräbt, so kann diese nicht mehr wachsen – die Grundlage der Existenz ist zerstört. Nur wenn es vorher eine gute Zeit gab (Blüte) so kann es sein dass ein Ruhestadium vorliegt (Same) aus dem wieder etwas Neues entstehen kann. Aber wenn auch das nicht der Fall ist gibt es für diese Pflanze keine Vermehrung mehr. Ein Agieren gegen die Ethik hat schon in diesem Leben eine (negative) Auswirkung.

[396] Die beiden Motivationen, aus welchen Menschen Dana geben: Es kann das Vertrauen in die Lehre, in die Wirkung und die eigene Entwicklung sein oder die Zufriedenheit über Situationen, Menschen, Zeremonien oder eine Beratung bzw. Hilfestellung.

[397] Der Neid ist eines der fünf Hindernisse – es hält Meditierende von der richtigen Sammlung ab.

[398] Ohne die Präsenz der Hindernisse ist die meditative Sammlung möglich.

[399] Sie brennt im inneren des Menschen, ohne sichtbaren Rauch und ist nur schwer zu löschen obgleich sie große Hitze erzeigen kann.

[400] Einerseits als der Hass den Menschen am stärksten im Griff hat wenn er sich ungebremst zeigt und in letzter Konsequenz zu Mord und anderen kriminellen Handlungen führen kann. Außerdem greift der Hass über mehrere Leben hinweg.

[401] Ein normaler Fluss steigt und sinkt (in den Jahreszeiten), dieser Strom hingegen wächst nur an, wenn man nicht praktiziert.

[402] Spreu wurde dadurch vom Korn getrennt dass man es hoch in die Luft aufwirbelt, was weithin sichtbar ist. Die Aussahe ist vergleichbar anderen Religionen – wichtig ist es zuallererst auf sein eigenes Verhalten zu achten – andere Menschen zu

bewerten oder gar zu kritisieren bringt die eigene Entwicklung sicher nicht vorwärts.

[403] Jemand der auf Kritik aus ist, nur die Nachlässigkeiten von Anderen sucht der schafft sich selbt mehr Triebe (Gier, Aversion) und bemerkt gar nicht daß er in die falsche Richtung geht.

[404] Das deckt sich sehr gut mit den aktuellsten wissenschaftlichen Erkenntnissen zum Quantenraum, dem nicht-lokalen Raum.

[405] Keine bedingten Gebilde (also die 5 Anhaftungsgruppen, Khanda) sind ewig dauernd.

[406] Das Wort hat viele Bedeutungen (Gesetz, Lehre, Dinge) die alle zutreffend sind. In diesem Kapitel können und sollen die verschiedenen Übersetzungen gegeneinander ausgetauscht werden.

[407] Fundamentalismus ist nicht gut, auch nicht in Bezug auf die eigene spirituelle Lehre. Eine nicht-neutrale, also einseitige Auslegung ist nicht im Sinne Buddhas. Fanatismus zeigt dass man die Lehre noch nicht voll verstanden hat.

[408] Vorträge und theoretische Auslegungen sind zu wenig („Buddhologie") - nur diese Dinge und Ideen zu leben wird als wertvoll, als Vorbild gesehen. Die reine Sachkenntnis ohne sie zu verwirklichen ist (außer einem theoretischen Wissen) nicht viel wert und stellt keinerlei Fortschritt am spirituellen Entwicklungspfad dar.

[409] Man muss nicht viele Texte (auswendig) kennen oder lange bzw. intellektuell fordernde Vorträge halten können. Wichtig und bedeutend ist viel mehr, wie nahe man sich an das, was man selbst gehört und gelesen hat dauerhaft, ohne abzulassen annähert.

[410] Bei der Auswahl eines Lehrers, einer Lehrerin soll man sich eben nicht von großen Namen oder deren Vorträgen bzw. Büchern leiten lassen sondern das Verhalten, das Leben der Person zu beobachten. Das vorgelebte Vorbild der Person zeigt deutlich (wenn man nicht auf eine Maske bzw. Rolle reinfällt) wie es sich bei diesem Menschen damit verhält.

[411] Die Ehrwürdigkeit (des Alters) muss man sich erarbeiten, sie kommt nicht von selbst mit fortschreitendem Alter (Asiaten ehren das Alter sehr hoch).

[412] Dem Dhamma (also dem vom Buddha gelehrten Gesetzmäßigkeiten).

[413] Nicht die äußeren Werte bestimmen ob jemand edel ist sondern innere, geistig-spirituelle Werte. Diese können jede Äußerlichkeit konterkarieren.

[414] wörtlich: von guter Gestalt. Die äußeren Zeichen sind unbedeutend dafür, ob ein Mensch edel ist oder nicht. Nur wer die (nötigen) inneren Werte aufweist besitzt diese Qualitäten.

[415] Äußere Zeichen machen (noch) keinen Stand aus. Nicht durch die Erscheinung oder zugeordnete Insignien wird man ein (geachteter) Mönch, sondern ausschließlich durch das (eigene) Verhalten.

[416] Im Buddhismus geht es nicht nur darum das Schlechte aufgeuben sondern letztendlich die Dualität zu überwinden! Das unterscheidet von einigen anderen Philosophien und Religionen, welche das Gute erreichen wollen.

[417] Das ist (dann) kein edles Schweigen.

[418] Schweigen ist kein grundlegendes Kennzeichen von Weisheit, vielmehr ist es die spirituelle Entwicklung, eine innere Balance zu finden. Wenn daraus ein Schweigen resultiert dann ist es als edel anzusehen.

[419] Das Diesseits und das Jenseits.

[420] Ein umfassender Gewaltverzicht, auch gegenüber sich selbst ist eine Grundlage als edel oder besonders angesehen zu werden.

[421] Das alles ist wertvoll, aber alleine nicht genug um sicher zu sein. Die Gefahr der Selbstgewissheit aus den beschriebenen einzelnen Schritten liegt darin zu glauben bereits fast erleuchtet zu sein. Aber erst wenn die Triebe versiegt – man also das Glück der Entsagung kosten durfte sind ist man wirklich sicher.

[422] Damit ist ein Weltling gemeint, eine Person welche noch keine Erleuchtungsstufe erlangt hat.

[423] Damit ist nicht nur der Pfad Buddhas gemeint. Buddha selbst sagte, daß jeder Pfad, der mindestens die Elemente enthält (die seiner enthält) zur Erleuchtung führt, egal wer ihn lehrt und aus wie vielen Einzelschritten er besteht. Buddha erhob keinen Anspruch, daß seine Lehre die einzige sei, sondern legte besonderen Wert darauf, daß er das Dhamma lehrt – und eben dieses Dhamma nicht exklusiv sondern allgemeingültig ist.

[424] In einer anderen Übersetzung: dargelegt.

[425] Die Freiheit von Leidenschaft.

[426] wörtlich: *Zweibeiner*

[427] Auch als: *der einzige* übersetzbar.

[428] Andere Wege, welche nicht mindestens die acht Elemente enthalten sind letztlich Zeitverschwendung, da sie zwar zu Ruhe und auch besonderen Geisteskräften führen können aber nicht das ganze Spektrum der spirituellen Möglichkeiten bieten.

[429] Wörtlich übersetzt: *den Pfeil...*

[430] Synonym für einen Buddha (der so Gegangene).

[431] Sie lehren den Pfad, gehen muß man ihn selber. Man kann zwar Hilfestellung und Anweisungen bekommen aber man muß die Dinge selbst machen, niemand Anderer kann es für uns erledigen.

[432] Die Folge dieser vier Verse fasst nicht nur den buddhistischen Übungspfad inhaltlich zusammen sondern auch die Geisteshaltung sowie die Art und Weise wie dieser Pfad (erfolgreich) zu gehen ist.

[433] Auch: bedingten Dinge (für mich ist ein bedingtes Ding nicht etwas Stabiles sondern etwas kontinuierlich Fließendes, sich veränderndes, insofern trifft es Prozess besser).

[434] Das daraus stammt, daß man will bzw. glaubt dass diese Prozesse beständig sind.

[435] Der Begriff Anatta steht für *wesenlos, ohne Kern, Nicht-Ich.*

[436] Die Folge der Nachlässigkeit und Inaktivität sind häufig herunterziehende Gedanken, Selbstzweifel, etc.. im Übermaß.

[437] Die drei Ebenen der Handlung werden in vielen Lehrreden angesprochen. Im Buddhismus werden nicht nur die tatsächliche Tat sondern auch die sprachliche Handlung sowie der Gedanke als karmagenerierende Handlungsebene gesehen.

[438] Oder auch: diese Kreuzung, Weggabelung. Nichts Schlechtes zu tun reicht nicht aus, selbst da schwindet der spirituelle Fortschritt. Nur mit kontinuierlicher Übung bleibt der erreichte Status Quo erhalten.

[439] Der Forst war zu Buddhas Zeit der Aufenthalt vieler Raubtiere bzw. der Rückzugsraum vieler Tiere und auch von Menschen welche vor der Gesellschaft fliehen mussten.

[440] Es gibt nicht nur das eine große Hindernis, das es zu eleminieren gibt. Auch wenn man etwas hat, das im Moment ganz groß und bedeutend aussieht ist es nicht ausreichend sich nur um das zu kümmern. Die Gefahr für einen Rückfall, für ein abweichen von einem heilsamen Weg liegt in den vielen kleinen und scheinbar unbedeutenden Dingen. Deswegen gibt der Buddha die Empfehlung sich um alles zu kümmern, also gleich einen ganzen Bereich in allen Varianten zu säubern.

[441] NYANATILIKOA geht in seinem Kommentar zu diesem Vers stark auf die Beziehungen der Menschen (die aber gar nicht im Text erwähnt sind?) ein. Der Vers führt das Motiv des vorherigen weiter, aber nun mit einer etwas anderen Ausrichtung. Als Unterwuchs zwischen den Menschen können die vielen kleinen, subtilen Dinge gesehen werden die es im sozialen Umfeld gibt. Also nicht der große Hass sondern z.B. die latente Aversion o.Ä. Solange diese Dinge vorhanden sind ist der Geist (mano) nicht befreit, er basiert sogar auf diesen, glaubt sie zu brauchen und sorgt damit immer wieder für neue Geistesregungen und Emotionen.

[442] Das Milchkalb ist essentiell von seiner Mutter abhängig, es ernährt sich ausschließlich auf diesem Weg. In der gleichen Weise ist der Geist an ein Dasein, an Leid und Wiederkehr als seine Nahrung gebunden.

[443] Im Herbst ist der Lotus schon morsch und brüchig, so ist er leicht ohne einen extremen Kraftaufwand ausreißbar. Ähnlich ist es bei Menschen – man muss den richtigen Zeitpunkt finden das (An)haften loszuwerden. Wenn man es zu bald versucht dann ist es noch so kräftig und stark wie ein grüner Lotus und man wird scheitern. Wenn man sich jedoch gut vorbereitet und den günstigen Zeitpunkt abwartet so kann man es verhältnismäßig einfach bereitstellen. Ein weiterer Aspekt liegt darin, daß wenn man es dank großer Kraft schafft einen grünen Lotus auszureißen Wurzelteile vorhanden bleiben, welche erneut austrieben können, im Herbst jedoch reißt man die ganze Wurzel rückstandslos aus. Auch dieses Bild gilt es sinngemäß auf die spirituelle Übung zu übertragen.

[444] Die Annahme wie sich die Zukunft gestaltet wird unreflektiert getroffen, man glaubt die unsichere Zukunft planen und kennen zu können. Und so wird man zu einem Tor – wenn man sich nicht der Unbeständigkeit, der laufenden Veränderung bewußt ist. Das ist aber keinesfalls so aufzufassen, daß man gar nicht mehr plant und an die Zukunft denkt, aber mit einem veränderten Focus, mit der Planung einer Möglichkeit im Bewußtsein dass sich laufend alles ändern kann.

[445] Man ist insofern schlafend als man sich nur an den Dingen erfreut die man hat, an sozialem oder materiellem Reichtum. Indem man sich aber nicht spirituell schult gleicht man einem schlafenden Dorf – irgendwann einmal wird man vom Tod erfasst und wird fortgerissen ohne die Richtung beeinflussen zu können.

[446] Jene Menschen die der Tod bereits im Auge hat.

[447] Es gibt keinen weltlichen Schutz vor dem Tod. Heute wäre dieser Vers vielleicht darum zu ergänzen, daß auch keine Therapie, keine Medizin und kein Arzt vor dem Tod retten können.

[448] Das ist der einzige Weg, dem Tod zu entkommen (zumindest dem wiederholten Tod) – ein (letztes) mal muss man auch als Arahant sterben.

[449] Nirwana ist das größte Glück.

[450] Der buddhistische Pfad ist an und für sich ein Paradoxon. Man arbeitet daran ein großes Glück, ein besonderes Glück zu erreichen um es dann, wenn man es erreicht hat loszulassen. Durch dieses Loslassen ergibt sich dann ein neues, noch höheres Glück – mit dem man wieder gleich (wie zuvor) verfährt.

[451] Ein Glück, das auf fremdem Leid beruht schafft immer wieder Hass. Auch wenn man glaubt, dass man ja eigentlich keinen Hass, keine Aversion hegt so liegt man falsch und behält eine subtile Form der Aversion in sich.

[452] Wenn man sich falsch verhält – egal ob es bewußt ist oder einfach aus Nachlässigkeit oder weil man es schlichtweg nicht weiß so kommt es zu einer Stärkung der unheilsamen Muster.

[453] Es benötigt nicht Jemanden, der es für einen erledigt – über diese Übung zieht man sich selbst aus dem Sumpf.

[454] Dieser Vers ist als Sinnbild gesprochen; Der Vater ist die Gier, die Mutter ist Dünkel/Einbildung, die zwei Könige stehen für den Eternalismus und Nihilismus, das Land sind die Sinnesorgane und das Sinnesbewußtsein, seine Bewohner sind Lust und Anhaftung. Indem er all diese Dinge einem Ende zuführt wird der Übende leidlos.

[455] Der Vers ist ähnlich dem vorherigen konzeptioniert; hier stehen die Priesterkönige für die beiden extremen Ansichten, der Tiger steht für die fünf Hindernisse (bzw. den ungangbaren Weg). Der Tiger (als Sinnbild) ist immer gefährlich, er ist schwer zu sehen, gut getarnt, kräftig und mächtig.

[456] Sie befinden sich unweigerlich auf dem Weg zur Erleuchtung.

[457] Die Körperachtsamkeit wird vom Buddha als eine bedeutende Basis der Erkenntnismeditation angeführt.

[458] Aktive Gewaltlosigkeit – andere Übersetzungen verstehen eine Art von Metta darunter. Die Geisteshaltung (bezogen auf das übergeordnete Bewußtsein) bzw. Ansicht zählt. Auch die Auswirkung einer solchen Haltung wird in diesem Vers gleich beschrieben – sie führt zu Freude.

[459] Meditation; auch diese führt zu Freude.

[460] Es ist nicht nur schwer bzw. herausfordernd ein Mönch (bzw. ein intensiv Übender) zu werden, sondern es auch dauerhft zu bleiben – wie man an vielen Mön-

chen, welche Ihre Robe abgelegt haben sieht. Diese Art des Daseins stellt sehr hohe Anforderungen an jene welche diesen Weg der intensiven Selbstschulung beschreiten wollen.

[461] Nicht mit Besseren, an denen man sich ausrichten kann.

[462] Die Entwicklung dieser überwiegend weltlichen Eigenschaften hat eine positive Auswirkung auf das weltliche Dasein, es wird Erfolg im Leben und Beruf versprochen.

[463] Er ist klar erkennbar, nicht übersehbar, er leuchtet bereits von Weitem entgegen.

[464] Er ist verloren, verschwindet, man kann den Weg nicht nachverfolgen, er verschwindet gleichsam im Nichts.

[465] Übende, welche die Einsamkeit suchen, die ihre Aufgaben alleine ausführen, die Verantwortung für sich selbst übernehmen, können abseits der Gesellschaft praktizieren ohne Gefahr zu laufen in eine unerwünschte Richtung zu kippen.

[466] Je nach Kommentar wird darunter entweder die Richtung zur Hölle oder aber zumindest in eine ungünstige Wiedergeburt verstanden.

[467] Der Ort der Bestimmung ist für beide gleich, aber wo der Unterschied liegt ist dann die Dauer die man dort verbringen muss.

[468] Wörtlich heißt es: gelb behalst – es steht dafür, daß der Hals von einer gelben oder orangen Robe verdeckt wird. Der Mönchsstand schützt nicht vor einem abwärtigen Weg, nur das eigene Verhalten ist dazu geeignet.

[469] Ein falscher Mönch zu sein, also sich nicht einmal in die Richtung der Reinheit zu bewegen führt zu sehr harten Konsequenzen. Während weltliche Menschen durch schlechte Taten „nur" in eine ungünstige Wiedergeburt kommen können stürzen Mönche viel tiefer.

[470] Ein extremes Beispiel verwendete der Buddha hier, ungezügelt Spenden anzunehmen ist extrem schmerzhaft (langfristig) wenn man die karmischen Konsequenzen bedenkt.

[471] Nach außen und auch gegenüber dem eigenen Gewissen.

[472] Heute würde man sagen unruhiger bzw. schlechter Schlaf.

[473] Ein schlechter Ruf, eine ungünstige öffentliche Position.

[474] Die so entstehende Beziehung ist von viel Unsicherheit und grossem Misstrauen geprägt (da man ja fürchten muss dass der Partner wieder fremdgeht – so wie man selbst zu der Beziehung gekommen ist).

[475] Je nachdem wie man Gras anfasst ist es entweder weich und angenehm oder aber scharf und schneidend. Gleiches gilt auch im religiösen Leben – es hat sowohl das Potential für die Entwicklung zum Höchsten als auch das Potential ins Schlechte zu ziehen, das beginnt bei eigener schlechter Übung und geht hin bis zu Glaubensfanatismus und religiösen Kriegen.

[476] Man soll die spirituellen Dinge nicht lax und halb machen, sondern wann - dann ordentlich, mit vollem Energieeinsatz, Achtsamkeit und Fokussierung.

[477] Diese Zeile ist im Kontext etwas unklar zu deuten. Ich würde es so sehen, dass Staub aufgewirbelt wird. Das heißt man sieht nicht mehr klar und der Staub beißt in den Augen und legt sich überall unangenehm an.

[478] Es ist kein Gott oder keine höhere Instanz, welche die Strafe beziehungsweise den Tadel ausführt. Man ist es selbst es auf zwei Wegen. Einerseits kurzfristig in Form von schlechten Gefühlen, Reue, Selbstzweifeln und andererseits durch das Karma das man sich damit aufhalst und das meist länger für seine Wirkung benötigt.

[479] Eine Grenzstadt muss nicht nur nach außen gesichert sein sondern auch innen stabil sein, sonst ist der ganze äußere Schutz wertlos und Feinde können sie leicht einnehmen. Nur wenn man beide Aspekte berücksichtigt hat man wirklichen Schutz, nur eine der beiden Seiten zu schützen ist extrem kurzsichtig.

[480] Der richtige bzw. geeignete Moment um zu üben, den spirituellen Weg zu beginnen oder einfach einmal das richtige zu tun. Dabei immer nur auf einen guten oder passenden Moment zu warten der irgendwann kommt ist falsch, da man erst in dem Moment, wenn man ihn erlebt sein Potential realisieren kann. Wer auf einen guten Moment wartet wird für immer warten.

[481] Solche Wesen verhalten sich immer falsch – egal ob das jetzt bewußt ist oder aus Unwissenheit. Wenn man sich (aber) an die Intuition hält liegt man zumeist nicht so falsch.

[482] Neben den zuvor getätigten Aussagen gilt hier noch ergänzend, dass man sich durch dieses Falschverstehen in ein großes Risiko begibt.

[483] Ein Naga ist in der Palisprache ein (körperlich) großes Wesen, das wird dann je Kontext mit einem Elefanten, einem Geist o.Ä . übersetzt.

[484] Beleidigungen und Anschuldigungen sollen nicht zu einer (überhasteten) Reaktion führen. Sie werden immer wieder von unmoralischen Menschen kommen, das kann man nicht verhindern, auch dem Buddha ging es so. Außerdem weist uns dieses Gleichnis deutlich auf die Eigenschaften der Sprache hin – auch diese kann verletzend sein wie ein Pfeil, nicht mehr rückgängig zu machen wenn sie abgegeben ist gleich einem bereits abgeschossenen Pfeil, dessen Richtung man auch nicht mehr verändern kann.

[485] Ein bezähmter Elefant ist sehr wertvoll. Die Kraft und die Gewalt des Elefanten werden gut und sinnvoll eingesetzt. Das ist der Weg zum Besonderen. Wilde Elefanten gab es im damaligen Indien zuhauf, diese waren aber nicht von Wert da ihre Kraft und Stärke nicht nutzbar war. Vergleichbar ist es mit den Menschen – es gibt viele normale Wesen aber nur wenige welche bezähmt, oder besser gesagt geistig-spirituell geschult sind.

[486] Der Wert der eigenen Schulung übersteigt jenen der großen und damals sehr teuren Tiere. Heute könnte man den Wert vielleicht mit jenem eines teuren Sportwagens vergleichen.

[487] Tieren (bezieht sich auf den vorherigen Vers). Auf all den besonderen Reittieren kann man neue und weit entfernte Länder erreichen, sie helfen für diese weiten Wege. Der Vers zeigt aber, daß es für Nirwana kein Fahrzeug gibt (eine Ironie der Geschichte dass die drei Richtungen des Buddhismus Fahrzeuge genannt werden), nur die eigene Weiterentwicklung bringt einen zu jenem Ort (der natürlich kein Ort ist!).

[488] Dieser Vers beschreibt sehr gut wie man mit dem Geist umgehen muss, ihn schulen muss. Auch der Geist ist sehr wertvoll und hat generell eine enorme Kraft. Wenn man nun versucht, den Geist mit Gewalt zur Kooperation zu zwingen, ihn in Fesseln legt so wird er nicht kooperieren und immer nur Sehnsucht nach der Vergangenheit aus der man ihn gerissen hat zeigen. Um den Geist zu bezähmen muss man wie mit einem gewaltigen Elefanten arbeiten, man muss es sanft machen, fast spielerisch sodass er selbst denkt das zu wollen was sein Führer/Bezähmer will.

[489] Man wächst dank der Faulheit nur an Fleischmasse an, entwickelt sich ausschließlich im weltlichen Leben um dann zur Schlachtbank geführt zu werden. Geistiges Anwachsen ist hingegen nicht dabei und deswegen verbleibt man auch im Daseinskreislauf.

[490] Eine ganz schön fordernde Aufgabe die viel Weisheit erfordert, da es mit Kraft nicht möglich ist, so ein mächtiges Tier zu bezähmen. Durch meditative Übung wird das Bewußtsein von den Extremen weggeführt.

[491] Wie zieht sich ein Elefant aus dem Schlamm? (gemäß der Legenden im asiatischen Raum mit dem Rüssel, oder doch mit anderen Techniken?)

[492] Wenn ein Herrscher ein Land erobert so lebt er in Normalfall nicht dort, sondern regiert es aus der Ferne. Die Bereiche die man schon überwunden (also erobert) lässt man hinter sich, entwickelt sich darüber hinaus und entwickelt sich alleine weiter (wenn man keine Sangha findet).

[493] Er lebt als Einzelgänger im Dschungel, trifft sich nur zur Paarung. Das Gleichnis könnte man so übersetzen, dass man sich nur trifft um zu lernen bzw. die Lehre zu hören.

[494] In der Not bzw. persönlichen Bedarfsituationen ist es ein Glück Freunde zu haben die helfen können, Verständnis zeigen oder einfach nur zum Reden da sind. Wenn man bei allen Dingen Zufriedenheit bzw. Gleichmut besitzt so ist das ein Glück da man Alles so genießen kann wie es ist, ohne Gier und Aversion. Verdienste bzw. gutes Karma ist das Glück des Lebensendes, da es die nächste Geburt maßgeblich bestimmt. Das letzte, größte Glück ist die Aufhebung des Leides.

[495] Kann auch als *Was auch immer* übersetzt werden.

[496] Konkret: ein weltliches Glück

[497] Hier wird im Gegensatz zu Vers 332 ein spirituell-ethisches Glück beschrieben, das sich Tat bzw. Nicht-Tat zeigt.

[498] Der Begriff wird auch als *sorglos* übersetzt.

[499] Eine Schlingpflanze ist lange unscheinbar und harmlos, ja oft geradezu nett und schön anzusehen. Aber wenn die Pflanze eine gewissen Größe oder einen Bereich nahe dem Licht erreicht hat dann wird sie dominant, die Trägerpflanze hat ihren Zweck erfüllt und wird letztlich umgebracht.

[500] Der diffuse Begriff hat auch die Chrakteristik von *fließen* oder *schwimmen*.

[501] Man hüpft von Baum zu Baum, immer auf der Suche nach noch etwas Besserem und kann eigentlich nie ruhig sein.

[502] Feuchtes Gras wächst besonders rasch und intensiv da es alles hat was es braucht. Auch wenn es nicht gleich nachvollziehbar ist - Sorge resultiert aus einem Wunschverhalten.

[503] Der bekannte Lotuseffekt – eine Flüssigkeit (auch mit Schmutz) verbindet sich nicht mit der Pflanze oder benetzt sie, es perlt komplett ab. Bezogen auf die Sorge ist dieser Vers ein sehr schönes Gleichnis: Durch die Übung ist es nicht so, daß es keine Sorge oder andere Unannehmlichkeiten mehr gäbe, aber sie durchtränken uns nicht mehr sondern perlen ab, ohne ein aktives Eingreifen – einfach weil es so die Natur ist.

[504] Solange man das Gras nur schneidet wächst es immer wieder nach.

[505] Röhrich kann sich viel und lange beugen ohne zu brechen, aber auch das hat eine Grenze, irgendwann bricht auch Röhricht.

[506] Viele Bäume besitzen die Funktion des Stockaustriebes: Wenn man den Baum umschneidet treibt er wieder aus dem Wurzelstock aus und bildet erneut einen Baum. Während das in der Forstwirtschaft gewünscht und genutzt wird ist es sehr störend wenn man den Baum dauerhaft entfernen will. Dieses Gleichnis zeigt uns aber auch gut, warum wir trotzt bereits langer Übung immer wieder Rückfälle erleben – solange die Wurzeln (des Unheilsamen) nicht komplett ausgerottet sind (wir als erleuchtet sind) wird es immer wieder einmal zu Austrieben kommen – das ist ganz normal.

[507] Es handelt sich um 18 innere und 18 äußere Pfade (Jeweils die 6 Sinnesorgane in Bezug auf Denken, Sprache und Aktion verstanden).

[508] Zusammengefasst: wenn sich der Geist und die Wahrnehmung nur den angenehmen Dingen zuwenden. Der beschrieben Strom hat die Eigenschaft nicht beim Angenehmen aufzuhören sondern sich weiterzubewegen und zu falscher Ansicht zu führen. Beispielsweise einer Ewigkeitsansicht (das Angenehme soll immer dableiben) oder einer Persönlichkeitsansicht (das ist mein Angenehmes)..

[509] Es geht nicht darum keine freudigen Gefühle mehr zu haben, der wichtige Teil liegt darin an diesen nicht mehr anzuhaften, das ist der Motor, der uns immer wieder in eine Wiedergeburt bringt. Auch zeigt der Vers, dass wir normalerweise das Glück und die Freude aus den Sinnen suchen und uns damit immer wieder in neuen Wiedergeburten landen.

[510] Der durch die Falle gefangene Hase (die den Hasen nicht tötet) kann nur mehr in einem sehr begrenzten Umfeld herumkriechen, die Bewegungsfreiheit ist nicht mehr da. Die Menschen sind vor Begehren nur schwer zu schützen, es ist wie der Köder in der Falle.

[511] Man ist sich bewußt, daß der Durst genau der Köder dieser Falle ist.

[512] *Stell dir vor ...*

[513] In einer anderen Variante wird es als Frei von Dickicht übersetzt...

[514] Auch wenn man ein mönchisches Leben führt, also dabei ist sich von den Fesseln zu befreien ist man noch nicht vor einem Rückfall sicher. Das ist man erst, wenn man zumindest eine Erleuchtungsstufe erreicht hat.

[515] Physische Fesseln sind deutlich schwächer als jede geistige Fessel.

516 Durch diese Eigenschaft spürt man sie nicht sofort, bemerkt sie erst später.

517 In den Strom des Begehrens und der Aversion – dieser trägt einen von der (möglichen) spirituellen Entwicklung hinweg zum weltlich-dualen Dasein.

518 Eine Spinne webt ein Netz um andere Tiere zu fangen. Ins eigene Netz zu fallen steht dafür, daß niemand Anderer hier uns etwas antut, sondern wir selbst es sind, die uns in eine Wiedergeburt bringen, also wieder das Karma das angesprochen wird.

519 Das deckt sich damit, den nicht-lokalen Raum, den Quantenraum zu erleben, welcher zeitlos ist; es geht noch über das Hier und Jetzt hinaus.

520 Durch die konfusen, also nicht zielgerichteten Gedanken leiden die Wesen selbst dann, wenn sie Angenehmes betrachten (man kann sich also im Moment nicht an dem Schönen erfreuen) – die Gier nach Schönem entsteht und verbreitet sich.

521 Den Kommentaren nach handelt es sich um Pfeile mit Wiederhaken, die uns nicht aus dem Kreis der Wiedergeburten entrinnen lassen.

522 Eine tiefe Erkenntnis in das Karma und die bedingte Entstehung ist die Basis der Befreiung.

523 Die drei Sphären (sinnlich, feinkörperlich, unkörperlich) sind zu überwinden..

524 Damit ist nicht ein umfassendes intellektuelles Wissen gemeint, sondern das Verständnis von Entstehen und Vergehen, der bedingten Entstehung und der Natur der Dinge.

525 Wenn man das Alles selbst, von sich aus, realisiert hat dann braucht man keinen Lehrer mehr.

526 Die Wahrheit übertrifft alles Weltliche. Damit ist aber nicht eine Wahrheit im konventionellen Sinn (als Gegenteil von Lüge, Unwahrheit) gemeint sondern die absolute Wahrheit, also letztendlich Dhamma. Die Wahrheit übertrifft Alles – sie zu suchen bringt extrem viel, darum übt man sich.

527 Diese Aussage stellt deutlich klar, daß Armut nicht die Grundlage ist um sich spirituell weiterzuentwickeln. Für Menschen, die das andere Ufer suchen ist Reichtum kein Hindernis, dieser Mensch wird nicht am Reichtum anhaften sondern ihn weise und seiner Entwicklung förderlich einsetzen.

528 Eine alternative Variante: …*schädigt sich selbst als sei er ein Fremder*

529 Unkraut schädigt das Feld insofern als es den gewünschten Pflanzen Platz und Nährstoffe entzieht. So weit ist die klassische Deutung klar und eindeutig – es ist auszureißen und unerwünscht. Eine interessanter Deutung ergibt sich aus der aktuellen Agrarbiologie, wo der Begriff Unkraut nicht mehr verwendet wird sondern vielmehr Beikraut. Das heißt dass einerseits akzeptiert wird dass ein geringer Anteil Beikraut mitwächst – bis zu einer Größe wo noch keine nennenswerte Schädigung eintritt. Andererseits hat das Beikraut auch in einem Acker durchaus positive Effekte. Es stabilisiert, ist für manche bedeutende Tiere Heimat etc. Und so kann man auch diese Verse sehen. Die Gier, die Aversion und die Verblendung sind ganz klar unerwünschte Triebe die es zu entfernen gibt. Aber auch diese Triebe haben zumindest anfangs auch positive Effekte, beispielsweise die Gier und der Wunsch nach spirituellem Fortschritt (dass man den Weg überhaupt beginnt), die

Aversion vor Unheilsamen oder die Verblendung die uns manche Dinge noch nicht so hart sehen läßt. Die Triebe können und sollten so vielmehr als Beikraut betrachtet werden, das man akzeptiert und auch seine positiven Aspekte anerkennt, mit fortschreitender Entwicklung wird der Umfang dieser Beikräuter dann kontinuierlich reduziert und zurückgedrängt.

530 Damit ist der jeweilige Sinn (z.B. der Geruchssinn) gemeint.

531 Beherrschen bedeutet nicht einschränken oder sich kasteien oder sich selbst etwas verbieten. Es ginge ja gar nicht – der Sinneskontakt findet auf jeden Fall und unweigerlich statt. Beherrschen bedeutet vielmehr den Umgang mit dem was der Primärkontakt vorgibt. Beherrschen bedeutet keine Gier und Aversion aus dem Sinneskontakt aufkommen zu lassen – das ist auch das Ende des Leides.

532 Die richtig ausgeführte Kontrolle führt nicht zu Härte und Einschränkung sondern zu Freude und Freiheit.

533 Ein guter Sprecher wird man durch innere Werte und deren Auswirkung; dann spricht das Dhamma aus einem heraus. Rhetorik und Sprechtraining sind unterstützende aber nicht grundsätzlich nötige Rahmenbedingungen und können die inneren Werte nicht ersetzen.

534 Die Abfolge des spirituellen Lernens: zuerst die Texte/Theorie studieren, sich daran erfreuen (sehr wichtig und bei uns meist übersehen), dieses Dhamma nachvollziehen und sich immer wieder daran erinnern (es rekapitulieren). Das führt letztlich zum Stromeintritt.

535 Den spirituellen Fortschritt untereinander zu vergleichen kann nur schief gehen. Man kann nur aufgrund von Äußerlichkeiten den Status eines Anderen nicht abschätzen – damit liegt man zumeist falsch. Und selbst wenn man es richtig erkennen würde resultiert nur ungünstiges. Wenn man sich selber höher einschätzt (nicht in dem Vers angesprochen) wird man hochmütig, wenn man sich geringer eingeschätzt neidig. Und Neid bzw. Aversion ist ein klassisches Hindernis in der Meditation.

536 Der Neid (eine Form der Gier) ist ein klassisches Hindernis.

537 Den zusammengebrauten Dingen.

538 Metta

539 Dem Zustand (nicht unbedingt physischen Ort) des Stillstands aller Formen.

540 Wenn Sankhara in der Form nicht mehr entsteht – jenseits der Dualität ist das höchste Glück.

541 Mit dieser Formulierung wird gemeint: unser Geist/Bewußtsein ist das Boot, das Wasser steht für Gier und Aversion, welches über diverse Lücken in das Boot eindringt. Somit wird der Geist schwerfällig, eine Last fernab jeder Agilität.

542 Die fünf großen Fesseln (Persönlichkeitsglaube, Zweifel, hängen an Regeln und Ritualen, Sinnengier, Übelwollen) – müssen scharf angegriffen werden. Man muss sie tatsächlich durchschneiden, also eine direkte Aktion setzen.

543 Die fünf geringen Fesseln (Gier nach feinmaterieller Existenz, Gier nach unmaterieller Existenz, Dünkel, Unruhe, Unwissen) kann man loslassen (passive Aktion).

[544] Die fünf Fähigkeiten (Indriyas): Vertrauen, Achtsamkeit, Anstrengung, Samadhi und Weisheit sollen entfaltet, also zu ihrer vollen Größe entwickelt werden (sie sind bereits vorhanden).

[545] Das Überwinden von Gier, Hass, Ignoranz, Stolz und falsche Ansichten.

[546] Sich herumtreiben lassen. Die Gier nach Sinnlichem und das Anhaften daran, es ist ein Kreisen und keinerlei Weiterentwicklung enthalten.

[547] Die gegenseitige Abhängigkeit von Jhana und Erkenntnis – das eine geht nicht ohne das Andere – beide Richtungen müssen sich in Gemeinsamkeit (zumindest in einer ausreichenden Basis) entwickeln wird in diesem Vers dargelegt.

[548] Das ist die Basis des Stromeintritts.

[549] Das Erleben der Leerheit (Sunnata).

[550] Die Unbeständigkeit (Anicca).

[551] Die Anhaftungsgruppen einer Persönlichkeit (Khanda).

[552] Ein Jhana ist bereits als todloser Bereich zu sehen (nachdem es im Jhana, vor allem in den tieferen Jhanas keine Zeitwahrnehmung mehr gibt).

[553] Es wird immer wieder auf ein sehr bedeutendes Detail hingewiesen. Es handelt sich um einen Weg der Freude und des Glücks. Es ist kein Weg der Schmach, der Scham, der Verbissenheit – Freude ist nicht nur erlaubt sondern sogar ein essentieller Teil des Wegs.

[554] Das Faule, Schlechte und Abstoßende muss man – wie in der Natur – abwerfen. Auch wenn die Blüte noch so schön und wohlriechend war, wenn sie verfault dann ist es Zeit sie loszuwerden. Der Strauch verschwendet ansonsten Energie und ist der Gefahr einer Infektion ausgesetzt.

[555] Heißt nicht die ggf. bestehenden sozialen Bindungen zu verleugnen sondern nicht mehr daran anzuhaften.

[556] Zur Ruhe gekommen, gesetzt

[557] Der Buddhismus geht von der Selbstverantwortung der Übenden aus. Man wird nicht ermahnt oder von irgendjemand angeleitet. Man muss selbst dafür sorgen, ist sich selbst verantwortlich.

[558] andere Übersetzung: *wir selbst sind...*

[559] Vergleiche den Songtexte: „Ich bin mein Haus" der Gruppe ROSENSTOLZ.

[560] Man läßt es nicht herumtollen damit kein Verletzungsrisiko auftritt und das wertvolle Wesen keine Energie vergeudet.

[561] Das sind die beiden bedeutendsten Pfeiler – das Vertrauen und, das wird oft übersehen, die Freude!

[562] Er ist hell, klar und strahlend.

[563] Es war zu Buddhas Zeit immer ein großes Diskussionsthema: was ist ein wahrer Brahmane? Diese bestanden darauf durch Abstammung verehrungswürdig zu sein, wohingegen der Buddha Brahmanenschaft immer durch das Verhalten definierte.

[564] Das Realisieren von Anicca kann als ein Tor der Befreiung dienen. Die Dinge sind nicht mehr so Lust-trächtig wenn man ihre kontinuierliche Veränderung realisiert.

[565] Darunter werden in den Kommentaren das Wissen und der Wandel verstanden. Es reicht nicht aus nur eines der beiden zu erlangen, erst die Verbindung macht es aus und gibt den Wert.

[566] Die Fesseln.

[567] Wer nicht mehr an beiden Seiten (der Dualität) haftet ist ein Arahant. In einer Übersetzung werden die beiden Seiten als Diesseits und Jenseits bezeichnet, wiederum eine andere Übersetzung sieht es also die Objekte und wahrnehmenden Sinnesorgane. Alle Deutungen bzw. Übersetzungen zeigen aber stimmig den Geist dieses Verses, daß es es im weltlichen leben immer um eine Dualität geht.

[568] Wörtlich: *In einer blitzenden Rüstung....*

[569] Alle anderen Dinge strahlen nur zu einem bestimmten Zeitpunkt bzw. unter gewissen Bedingungen. Der Buddha oder ein Erleuchteter hingegen strahlt immer.

[570] Eine Stufung ähnlicher Begriffe durch den Buddha.

[571] Das Aushalten von Leid, sich nicht einschränken (siehe Gleichnis von der Säge) ist ein Teil des Übungsweges.

[572] Bei solchen Gelegenheiten schafft man nicht nur Leid bei Anderen und macht schlechtes Karma sondern schadet auch noch dazu dem eigenen Geist. Wenn man sich geistig ändert, also den Wunsch zu verletzten reduziert (gar nicht zu sprechen vom tatsächlichen agieren) dann wird auch das resultierende Leid geringer.

[573] Oder auch - Gedanken; Die drei Mittel der Aktion sind es, welche dazu geeignet sind Leid zu erzeugen. Nicht nur die direkte Aktion (Sprache, Tat) sondern bereits der Gedanke beeinflusst den Menschen selbst.

[574] Das Feueropfer bei Brahmanen ist eine sehr hohe Ehre. Der (erste) Lehrer, jener der einem Buddhas Lehre näher brachte ist es wert, mindestens so viel geehrt zu werden.

[575] Nur das Handeln, die tatsächliche Anwendung macht es aus.

[576] Schein und Realität, woran arbeitet man. Die Flechten und das Anthilopenfell waren ein äußeres Zeichen eines ehrwürdigen bzw. wichtigen Brahmanen.

[577] Als Gegenteil zu fetten Berufsbrahmanen, welche nur von ihrem Stand lebten und sich keinen spirituellen Übungen widmeten.

[578] Er spricht den Buddha als Gleichen an.

[579] Fest und gesichert ist.

[580] Ein Arahant.

[581] Der Vers bezieht sich auf das gleiche Ereignis wie Nr. 69 es haftet Nichts mehr an dem Wesen.

[582] Jemand, der keine Gemeinschaft sucht.

[583] Wer sich positiv von seiner Umgebung abheben kann.

[584] Es fällt von selbst ab.

[585] Eine große sprachliche Herausforderung.

[586] Es müssen beide Seiten überwunden werden (nicht nur die „schlechte" bzw. unheilsame).

[587] Auch der Wunsch nach einer himmlischen Wiedergeburt fesselt Wesen an das Dasein.

[588] Nirwana ist nicht mehr nachvollziehbar.